Dieter Eimermacher

Klimaschutz und Nachhaltigkeit
So werden unsere Immobilien grün

Zukunftssicher in Immobilien investieren mit ESG, SDG, C2C, Green Deal & Co.

FSC
www.fsc.org
MIX
Papier aus verantwortungsvollen Quellen
Paper from responsible sources
FSC® C105338

Die deutsche Bibliothek – CIP-Einheitsaufnahme
Die Deutsche Nationalbibliothek verzeichnet diese Publikation in der Deutschen Nationalbibliografie; detaillierte bibliografische Daten sind im Internet unter http://dnb.d-nb.de abrufbar

Eimermacher, Dieter:
Klimaschutz und Nachhaltigkeit. So werden unsere Immobilien grün.
Zukunftssicher in Immobilien investieren mit ESG, SDG, C2C, Green Deal & Co.

Print: ISBN 978-3-9824767-1-1
E-Book: ISBN 978-3-9824767-0-4

EIMERMACHER Immobilienbewertungen GmbH, Bockenheimer Landstraße 17–19,
60325 Frankfurt am Main, Telefon +49 (0)69 – 6315 2437, www.sv-eimermacher.de
1. Auflage 2022

Gesamtproduktion, Design, Layout, redaktionelle Unterstützung:
text-ur text- und relations agentur Dr. Gierke, www.text-ur.com
Druck und Vertrieb: BoD – Books on Demand GmbH, Norderstedt, www.bod.de
Korrektorat: Dr. Wolfgang Delseit, Köln

ISBN 978-3-9824767-1-1

Printed in Germany

Der Autor

Dieter Eimermacher ist von der IHK Frankfurt am Main öffentlich bestellter und vereidigter Sachverständiger für die Bewertung von bebauten und unbebauten Grundstücken und Geschäftsführer der EIMERMACHER Immobilienbewertungen GmbH in Frankfurt am Main.

Neben der Erstellung von Verkehrswertgutachten für Privat- und Geschäftskunden und der Erstellung von Beleihungswertgutachten für die Kreditwirtschaft ist Dieter Eimermacher auch auf dem Gebiet der Immobilienportfolioberatung tätig. Er ist Autor des Fachbuchs »Erfolgreiches Immobilienportfoliomanagement für Stiftungen sowie kirchliche und gemeinnützige Einrichtungen«, das im Springer Gabler Verlag erschienen ist.

Er ist außerdem von der HypZert GmbH nach DIN ISO 17024 als Gutachter für finanzwirtschaftliche Zwecke (F) personalzertifiziert und sowohl Registered Valuer als auch Professional Member (MRICS) der Royal Institution of Chartered Surveyors.

Dieter Eimermacher studierte Architektur an der RWTH Aachen und Wirtschaftsingenieurwesen an der Fachhochschule Kaiserslautern. In seiner fünfjährigen Tätigkeit im HOCHTIEF-Konzern war er Projektleiter im Bereich schlüsselfertiges Bauen. Ein Schwerpunkt seiner Arbeit in der Bauwirtschaft war das energieeffiziente Bauen. Danach arbeitete er zehn Jahre im Immobilienanlagebereich der Deutsche Bank AG als Projekt- und Risikocontroller.

Kontakt: www.sv-eimermacher.de
info@sv-eimermacher.de

Inhalt

Vorwort

Die Themen Klimawandel und Klimaschutz sind uns allen seit Jahren vertraut. Der fortschreitende Klimawandel und die politischen Maßnahmen zu dessen Begrenzung und zur Abminderung seiner Folgen sind inzwischen omnipräsent. Demonstrationen der Klimaschützer – Fridays-for-Future-Kids und andere – finden regelmäßig den Weg in die Medien. Meldungen, politische Aktionen und Gesetzesvorhaben haben ein atemberaubendes Tempo angenommen.
Die Themenfelder Klimaschutz und Nachhaltigkeit werden in den kommenden Jahren auch und gerade die Bau- und Immobilienbranche immer stärker dominieren, sodass der Erwerb entsprechender Kenntnisse unumgänglich ist.
Ein Ziel dieses Buches ist es, die Entwicklung der Klimapolitik auf den Ebenen der Vereinten Nationen, der Europäischen Union und der Bundesrepublik Deutschland sowie deren jeweiligen Zielvorstellungen transparent und verständlich darzulegen. Der schwer zu fassende Begriff der Nachhaltigkeit begleitet die Immobilienfachwelt schon länger. Nun ist er spätestens mit der Verordnung zu EU-Taxonomie, die Kriterien für die Nachhaltigkeit von Wirtschaftstätigkeiten aufstellt, auch einer breiten Öffentlichkeit bekannt geworden. Im Zusammenhang mit Nachhaltigkeit sind verschiedene Begriffs- und Vorstellungswelten entstanden und entwickeln sich dynamisch weiter. Sie werden häufig mit speziellen Abkürzungen versehen und inflationär im politischen Raum wie im fachlichen Diskurs verwendet. Da ist mal von ESG (Environmental, Social and Governance), mal von SDG (Sustainable Development Goals) oder gar C2C (Cradle to Cradle) die Rede. Hier kann schnell Verwirrung entstehen. Dieses Buch führt in die Welt der Nachhaltigkeit ein und bietet Orientierung. Es richtet sich an alle, die mit dem Bau und der Verwaltung von Immobilien beschäftigt sind. Ein Schwerpunkt liegt dabei auf der Investition in Immobilien.
Ich wünsche Ihnen eine erkenntnisreiche Lektüre und freue mich auch auf Ihr Feedback. Sie haben Anregungen oder Hinweise, wie dieses Buch noch besser werden kann? Dann zögern Sie nicht, mich zu kontaktieren!

Dieter Eimermacher

Aktualität

Das Thema *Nachhaltigkeit und Klimaschutz* im Zusammenhang mit Immobilien entwickelt sich aktuell dynamisch weiter. Dieses Buch gibt den Entwicklungsstand bis zum **15.09.2022** (Redaktionsschluss) wieder. Es ist in naher Zukunft mit weiteren neuen gesetzlichen Regelungen zu rechnen. Diese werden zu gegebener Zeit in aktualisierten Auflagen wiedergegeben.

1 Einführung Themenfelder und Ziele des Buches

1.1 Wen dieses Buch weiterbringt

Mit diesem Buch wende ich mich an alle, die im Rahmen der allgemeinen Geldanlage und besonders der Anlage in Immobilien die Aspekte der Nachhaltigkeit beachten möchten. Dabei geht es sowohl um den Neubau als auch um die Sanierung von Gebäuden.
In erster Linie habe ich beim Schreiben an diesen Personenkreis gedacht:

- Institutionelle Anleger (Versicherungen, Versorgungswerke)
- Family Offices
- Stiftungen
- Kirchliche und sonstige gemeinnützige Organisationen
- Private Immobilieneigentümer

Wenn Sie in einem dieser Bereiche aktiv sind und sich für das Thema Nachhaltigkeit interessieren, wird die Lektüre Sie weiterbringen!

1.2 Was Sie in diesem Buch finden – und was nicht

Dieses Buch konzentriert sich auf die Erläuterung des Nachhaltigkeitsgedankens im Zusammenhang mit der allgemeinen Geldanlage und der Anlage in Immobilien und berücksichtigt sowohl den Neubau wie auch die Sanierung von Gebäuden. Sie

- finden den Einstieg in die Thematik und werden für konkrete Aufgabenstellungen mögliche Handlungsansätze kennenlernen,
- lernen die gegenwärtige Situation zum Klimaschutz im Bereich der Immobilien kennen und verstehen die Entstehungsgeschichte besser,
- erhalten einen Überblick zur Gesetzgebung rund um das Energiesparen,
- verstehen wichtige Begriffe und Schlagworte zum Thema Nachhaltigkeit,

- lernen, Kriterien der Nachhaltigkeit im Zusammenhang mit der Geldanlage sowie der Anlage in Immobilien anzuwenden,
- erfahren, wie Sie Kriterien der Nachhaltigkeit bei Neubau und Sanierung von Gebäuden anwenden.

Was dieses Buch nicht ist:

- Es ist kein Ratgeber für konkrete Investitionsempfehlungen für bestimmte Produkte.
- Es handelt sich nicht um einen juristischen Kommentar.
- Sie finden hier keine konkreten bauphysikalischen Berechnungsverfahren zur Berechnung des Energiebedarfs.

1.3 So ist das Buch aufgebaut

Die aktuelle Klimaschutzdebatte und die damit zusammenhängenden Gesetzgebungen sind über Jahrzehnte im Zusammenspiel von Staaten und internationalen Organisationen gewachsen. Die Kenntnis über das Zusammenwirken der verschiedenen Akteure ist für das Verständnis sowohl der Gesetzgebung an sich als auch der dazugehörenden Fachbegriffe hilfreich.
Dieses Buch wird Ihnen zeigen, wie sich Kriterien der Nachhaltigkeit im Zusammenhang mit Immobilien verwirklichen lassen und warum **Immobilien** für die Umsetzung des Nachhaltigkeitsgedankens **besonders gut geeignet** sind.
In den Kapiteln 2 und 3 werden die verschiedenen Aspekte des Nachhaltigkeitsgedankens auf den drei Feldern

- Geldanlage,
- Investition in Immobilien,
- Neubau und Sanierung von Gebäuden

ausführlich betrachtet. In Bezug auf die Geldanlage werden die verschiedenen Handlungsansätze, wie zum Beispiel zweckkonformes Investieren und zweckförderndes Investieren, vorgestellt und Denkanstöße für die Umsetzung gegeben.

Für Neubau und Sanierung von Gebäuden werden die Nachhaltigkeitsaspekte ergänzend anhand von Praxisbeispielen veranschaulicht. In diesem Zusammenhang wird auch das noch junge Thema Cradle to Cradle (C2C) behandelt.
Kapitel 4 bietet Ihnen konkrete Handlungsempfehlungen und stellt Arbeitshilfen vor, die Sie in Kapitel 8 als Muster für die eigene Arbeit finden.
Das Kapitel 5 befasst sich dann ausführlich mit den politischen Rahmenbedingungen und gesetzlichen Vorgaben auf den drei Ebenen

- Vereinte Nationen,
- Europäische Union,
- Bundesrepublik Deutschland.

Dabei wird Wert auf die Darstellung wichtiger Entwicklungsschritte hin zu der aktuellen Situation gelegt, da diese vor dem Hintergrund der Vergangenheit besser zu verstehen ist.
Der Entwicklung der Vorschriften zur Energieeinsparung bei Gebäuden von der Wärmeschutzverordnung bis zum aktuellen Gebäudeenergiegesetz wird im Kapitel 6 besonderes Augenmerk geschenkt.
Das Glossar (Kap. 7) bietet einen schnellen Überblick über zentrale Begriffe der Nachhaltigkeit.

1.4 Lesen Sie das Buch so, wie Sie wollen

Die einzelnen Kapitel schlagen einen weiten Bogen von der Politik der Vereinten Nationen bis hin zu konkreten Praxisbeispielen aus dem Baugeschehen in Deutschland. Das Buch ist so aufgebaut, dass die einzelnen Kapitel unabhängig voneinander gelesen werden können. Für einen schnellen Einstieg zeigt Ihnen die Tabelle 1 mögliche Fragestellungen und verweist auf die Antworten im Buch.

Wo finden Sie Informationen zu bestimmten Themen und Fragen?	
Sie interessieren sich für den **Nachhaltigkeitsgedanken** im Zusammenhang mit der **Geldanlage** im Allgemeinen und der **Anlage** in **Immobilien** im Speziellen?	In Kapitel 2 werden verschiedene Modelle für die Umsetzung des Nachhaltigkeitsgedankens mit den jeweiligen Vorteilen und Schwierigkeiten erläutert. Darauf aufbauend werden Möglichkeiten zur Übersetzung dieser Modelle in die Immobilienanlage vorgeschlagen.
Sie möchten den Nachhaltigkeitsgedanken im Zusammenhang mit dem **Neubau** oder der **Sanierung von Gebäuden** umsetzen?	Kapitel 3 zeigt eine Vielzahl von sinnvollen Kriterien für die Nachhaltigkeit bei Neubau und Sanierung von Gebäuden auf. Anhand von Praxisbeispielen werden die Möglichkeiten der Umsetzung anschaulich gemacht.
Sie wissen nicht, wie Sie bei der Umsetzung **anfangen** sollen?	Im Kapitel 4 werden Arbeitshilfen und Checklisten vorgestellt, die Ihnen eine erste Orientierung bieten sollen, und Handlungsempfehlungen gegeben.
Sie möchten sich einen Überblick über den Entstehungsweg sowie die aktuelle Situation der Klimaschutzpolitik und der nachhaltigen Entwicklung auf der Ebene der **Vereinten Nationen** verschaffen?	In Kapitel 5.1 wird die Entwicklung der Klimaschutzpolitik der Vereinten Nationen anhand der Beschlüsse wichtiger UN-Konferenzen, beginnend mit der UN-Konferenz in Rio 1992 bis zur UN-Klimakonferenz (COP-26) in Glasgow im Jahr 2021, erläutert. Außerdem werden die Sustainable Development Goals (SDG) aus der im Jahr 2015 verabschiedeten Agenda 2030 vorgestellt.
Sie möchten sich einen Überblick über die aktuellen Entwicklungen auf Ebene der **Europäischen Union** verschaffen, die mit den Begriffen **Green Deal** und **Taxonomie-Verordnung** verknüpft sind?	In Kapitel 5.2 werden die verschiedenen Stationen, beginnend mit der Klimaschutzgesetzgebung bis zum jüngsten Klimaschutzgesetz vom Juni 2021, das die Klimaneutralität Europas bis 2050 vorgibt, erläutert. Außerdem werden der European Green Deal, die Taxonomie-Verordnung sowie die Verordnung mit den technischen Bewertungskriterien vorgestellt, die die wirtschaftlichen Aspekte des Umbaus der EU-Wirtschaft für eine nachhaltige Zukunft zum Inhalt haben.

Fortsetzung

Sie möchten sich eine Bild über die Verankerung der Klimaschutzpolitik in der **deutschen Gesetzgebung** machen?	In Kapitel 5.3 werden der Klimaschutzplan 2050, das Klimaschutzprogramm 2030 und das Bundes-Klimaschutzgesetz mit den konkreten Vorgaben für die Verminderung der Treibhausgasemissionen besprochen.
Sie möchten sich über die Vorgaben zur **Energieeffizienz** im **Gebäudesektor** in Deutschland sowie die dazugehörenden Modellansätze informieren?	In Kapitel 6 werden die verschiedenen Stationen der Vorgaben zur Energieeffizienz bei Gebäuden beginnend mit der Wärmeschutzverordnung über die Energieeinsparverordnung bis zum aktuellen Gebäudeenergiegesetz vorgestellt.

Tab. 1: Darstellung möglicher Fragen und der Antworten im vorliegenden Buch

2 Nachhaltigkeit bei der Geldanlage und der Investition in Immobilien

Inhaltsübersicht

Dieses Kapitel befasst sich mit der Einbindung des Nachhaltigkeitsgedankens in den Bereich der Geldanlage. Sie werden zunächst die Modelle des zweckgebundenen und des zweckfördernden Investierens allgemein kennenlernen. Außerdem lernen Sie die Grenzen dieser Modelle kennen und sehen, wo typische Probleme auftauchen.
Im Anschluss sehen Sie den Transfer der Modelle auf das Feld der Immobilienanlage, wobei Sie Anregungen für die konkrete Umsetzung erhalten.

2.1 Nachhaltigkeit Begriffe und Ausprägungen

Der Begriff der Nachhaltigkeit ist aktuell in aller Munde. Dennoch fällt die Definition nicht leicht. Abstrakt formuliert kann man Nachhaltigkeit als Schonung (natürlicher) Ressourcen im Zusammenhang mit dem eigenen (wirtschaftlichen) Handeln bezeichnen.
Als Schöpfer des Begriffs der nachhaltigen Nutzung wird in der Literatur Hans Carl von Carlowitz genannt, der in einer Schrift über die Forstwirtschaft Anfang des 18. Jahrhunderts die nachhaltige Nutzung von Wäldern thematisiert. In einer Zeit des Holzmangels geschrieben, sollte die Idee der nachhaltigen Nutzung der Wälder eine kontinuierliche Versorgung der Wirtschaft mit Holz gewährleisten. Dies war nur möglich, wenn nicht mehr Holz entnommen wurde, als nachwachsen konnte.
Dies mag zwar die erste Quelle in der deutschsprachigen Literatur sein; das Wissen um diese Zusammenhänge ist aber viel älter. Die Dreifelderwirtschaft im Mittelalter erhielt die Leistungsfähigkeit der Ackerböden, indem der Acker alle drei Jahre brach lag.
Obwohl wir modernen Menschen es besser hätten wissen müssen, haben wir uns Verhaltensweisen angewöhnt, die leider alles andere als nachhaltig

sind. Wir befinden uns auf einem Weg, die natürlichen Ressourcen zu zerstören und nachfolgenden Generationen die Lebensgrundlagen zu entziehen. Man spricht in diesem Zusammenhang auch von **Generationengerechtigkeit**. Dieses Prinzip ist sehr konkret in unserer Realität durch den Beschluss des Bundesverfassungsgerichts vom 24. März 2021 angekommen. Die Benachteiligung künftiger Generationen war für das Gericht ein maßgeblicher Aspekt, die im deutschen Klimaschutzgesetz festgelegten Ziele zur Verringerung des Ausstoßes vom Treibhausgasen als unzureichend einzustufen (siehe Kap. 5.3.3).

2.1.1 Environmental, Social and Governance (ESG)

Im Bereich der Wirtschaft hat sich, ausgehend vom angelsächsischen Raum, ein breit angelegter Begriff der Nachhaltigkeit etabliert. Dabei werden neben den umweltbezogenen Aspekten auch soziale und solche der guten Unternehmensführung einbezogen. Der Dreiklang **Environmental, Social and Governance (ESG)** wird uns in die Zukunft begleiten. Zu den einzelnen Teilaspekten gibt es keine abschließenden Definitionen. Dies ist im Grunde auch gar nicht möglich, da sich die Themen fortlaufend weiterentwickeln. Die Tabelle 2 gibt zur Veranschaulichung beispielhaft und ohne Anspruch auf Vollständigkeit ESG-Kriterien wieder.

E – Environmental	• Klimaschutz • Energieeffizienz • Einsatz regenerativer Energien • Kreislaufwirtschaft/Recycling • Ressourcenschonung • Biodiversität
S – Social	• Arbeitsschutz • Gesundes Arbeitsumfeld • Angemessene Bezahlung • Gleichberechtigung der Geschlechter
G – Governance	• Kompetente Unternehmensaufsicht • Unternehmerische Entscheidungen nach ethischen Maßstäben • Wirksame Compliance • Bekämpfung von Korruption

Tab. 2: Darstellung von ESG-Kriterien

Aus Sicht von Investoren ist Geld immer dann in Unternehmen und Finanzprodukten sicher angelegt, wenn dort den ESG-Kriterien umfassend Beachtung geschenkt wird.

2.1.2 Sustainable Development Goals (SDG)

Die Verbindung von Umweltschutz und wirtschaftlicher Entwicklung ist der Grundgedanke der sogenannten Rio-Erklärung der Vereinten Nationen über Umwelt und Entwicklung und der Agenda 21 aus dem Jahr 1992. Im Jahr 2015 wurde Letztere von der Agenda 2030 abgelöst und die 17 Ziele für eine **nachhaltige Entwicklung** wurden definiert. Die SDG werden in Kapitel 5.1.5 ausführlich erläutert.

2.1.3 EU-Taxonomie

Von den vielen Themenfeldern der nachhaltigen Entwicklung dominieren die politische Agenda aktuell der **Klimaschutz** und die Maßnahmen zur **Anpassung an den Klimawandel**. Vor diesem Hintergrund sind die sogenannte **Taxonomie-Verordnung** der Europäischen Union (siehe Kap. 5.2.4) und das deutsche **Bundes-Klimaschutzgesetz** (siehe Kap. 5.3.3) zu sehen.

2.2 Nachhaltige Geldanlage

Durch die zunehmende Akzeptanz in der Gesellschaft für nachhaltiges Wirtschaften hielt der Gedanke der Nachhaltigkeit auch auf dem Gebiet der Geldanlage Einzug.
Im Jahr 2006 hat sich die freiwillige private Investoreninitiative **UN Principles for Responsible Investments (UN PRI)** gebildet, die in Partnerschaft zu Programmen der Vereinten Nationen steht. Von der UN PRI wurden sechs Prinzipien aufgestellt, mit der die Initiative die Grundsätze von ESG in der Finanzindustrie fördern und durchsetzen will:

1. Wir werden ESG-Themen in die Analyse- und Entscheidungsprozesse im Investmentbereich einbeziehen.

2. Wir werden aktive Anteilseigner sein und ESG-Themen in unserer Investitionspolitik und -praxis berücksichtigen.
3. Wir werden Unternehmen und Körperschaften, in die wir investieren, zu einer angemessenen Offenlegung in Bezug auf ESG-Themen anhalten.
4. Wir werden die Akzeptanz und die Umsetzung der Prinzipien in der Investmentbranche vorantreiben.
5. Wir werden zusammenarbeiten, um unsere Wirksamkeit bei der Umsetzung der Prinzipien zu steigern.
6. Wir werden über unsere Aktivitäten und Fortschritte bei der Umsetzung der Prinzipien Bericht erstatten.

Die Prinzipien zur Offenlegung in Bezug auf ESG-Themen sollten später Einzug in die Gesetzgebung halten.
Im März 2018 hat die EU-Kommission einen Sustainable Finance Action Plan aufgestellt. Zielsetzung ist dabei, Kapitalströme in nachhaltige Investitionen zu lenken, um ein nachhaltiges Wachstum zu generieren. Die Integration von Nachhaltigkeitsaspekten in das Risikomanagement sowie die Förderung von Transparenz und langfristigem Ansatz bei finanziellen Aktivitäten sind weitere Ziele.
Die aktuell maßgeblichen Regelungen zum nachhaltigen Investieren leiten sich für die EU aus dem **European Green Deal** und der daraus resultierenden **Taxonomie-Verordnung** ab. Sie steht mit technischen Bewertungskriterien in einzelnen Verordnungen in Verbindung. Dieser Themenkomplex wird in Kapitel 5.2 ausführlich dargestellt.
Im Rahmen der Umsetzung der Europäischen Direktive für Pensionskassen in deutsches Recht wurde im Jahr 2019 für Pensionskassen im Versicherungsaufsichtsgesetz geregelt, dass sie Risiken, die sich aus den Bereichen ökologischer und sozialer Faktoren sowie der Unternehmensführung bei ihren Anlageentscheidungen ergeben, zu bewerten haben.
Das Thema Nachhaltigkeit ist also in der Gesetzgebung angekommen.
Der Terminus **ESG** stammt, wie so viele Begriffe der Finanzwelt, aus dem angelsächsischen Raum. Die wörtliche deutsche Übersetzung Umwelt, Soziales und Unternehmensführung ist wenig anschaulich. Im Rahmen der nachhaltigen Geldanlage hat sich als Umschreibung der Begriff der

nachhaltigen, verantwortungsbewussten, ethischen, sozialen und ökologischen Investition durchgesetzt.

2.2.1 Stiftungen, Kirchen und gemeinnützige Organisationen

Der Gedanke der nachhaltigen Geldanlage unter Berücksichtigung der Aspekte Environmental, Social und Governance ist schon seit einiger Zeit bei Anlegern aus dem Bereich der Stiftungen, Kirchen und gemeinnützigen Organisationen auf fruchtbaren Boden gefallen.
Ausgangspunkt war dabei die Überlegung, dass die Anlageobjekte nicht im Widerspruch zu den Zielen der jeweiligen Organisation stehen sollen. Idealerweise werden die aus der Geldanlage erwirtschafteten Erträge nicht allein für die Zwecke der Organisation verwendet, sondern die Investition als solche entfaltet bereits eine positive Wirkung. Im englischsprachigen Raum hat sich dafür der Begriff **Mission Investing** gebildet. Die deutsche Übersetzung lautet **zweckbezogene Investition**. Etwas präziser kann man das zweckbezogene Investieren in zwei Kategorien aufteilen:

- zweck**konformes** Investieren: Das Vermögen wird in Einklang mit den Zwecken der Organisation investiert;
- zweck**förderndes** Investieren: Mit der Investition wird der Zweck der Organisation aktiv gefördert.

2.2.2 Zweckkonformes Investieren

Das Feld des zweckkonformen Investierens wird anschaulich mit den drei As umschrieben:

- Ausschließen: Branchen und Staaten werden ausgeschlossen.
- Auswählen: Branchen und Staaten werden gezielt ausgewählt.
- Ansprechen: Missstände in Unternehmen werden angesprochen.

Glaubt man Umfragen zur Verbreitung des nachhaltigen Investierens, ist der Ansatz des Ausschließens am weitesten verbreitet. Das ist sicher darauf zurückzuführen, dass dieser Ansatz am leichtesten umzusetzen ist. Außerdem dürfte die Furcht vor Reputationsschäden dabei eine nicht unerhebliche Rolle spielen. Die Ausschlusskriterien lassen sich dabei grob in drei Bereiche unterscheiden:

- Branchen- und sektorbezogene Ausschlusskriterien
- Soziale Ausschlusskriterien
- Ausschlusskriterien aufgrund des Staats- und Gesellschaftssystems

Die Tabelle 3 zeigt (ohne Anspruch auf Vollständigkeit) zu diesen drei Gruppen jeweils Beispiele.

Branchen- und sektorbezogene Ausschlusskriterien	• Rüstungsindustrie • Tabak- und Alkoholindustrie • Atomkraftindustrie • Fossile Energieerzeugung und Bergbau • Glücksspiel • Erheblich umwelt- und klimaschädigende Produkte bzw. Produktionsweisen
Soziale Ausschlusskriterien	• Kinderarbeit • Ausbeuterische Arbeitsbedingungen • Verstoß gegen Kriterien der Gleichberechtigung der Geschlechter • Verstoß gegen die Grundsätze angemessener Bezahlung
Ausschlusskriterien aufgrund staatlicher/gesellschaftlicher Struktur	• Anwendung der Todesstrafe • Unmenschlicher Strafvollzug • Fehlen rechtsstaatlicher Strukturen • Unterdrückung von Minderheiten • Unterdrückung freier Medien • Ethnische Säuberungen und Völkermord

Tab. 3: Ausschlusskriterien für nachhaltige Geldanlage

Die Ausschlusskriterien beziehen sich in erster Linie auf Investitionen in Aktien und Anleihen von Unternehmen bzw. in Staatsanleihen. Für die Immobilienanlage könnte die Umsetzung der Ausschlusskriterien im Verzicht

auf Mieter aus den betroffenen Branchen und Mietern mit regierungsnahem Hintergrund aus den betroffenen Staaten sein. Hinzu kommt der Verzicht auf Immobilieninvestitionen in diesen Staaten.
Es dürfte eine breite Zustimmung dafür geben, dass die in Tabelle 3 aufgeführten Kriterien im Widerspruch zu den Zielen einer nachhaltigen Geldanlage stehen. Steigt man ins Detail ein, sieht dies schon sehr viel komplexer aus, wie die nachfolgenden Beispiele zeigen.

Branchen- und sektorbezogene Ausschlusskriterien

Der Ablehnung der **Rüstungsindustrie** als Anlageziel liegt der Gedanke zugrunde, dass Waffen dem Krieg und damit auch dem Töten von Menschen dienen. Andererseits benötigen aber auch Demokratien mit rechtsstaatlichen Strukturen Waffen, um sich gegen weniger friedliche Nachbarn zu verteidigen. Ein Problem stellt sicher die Tatsache dar, dass Rüstungskonzerne Waffen auch in Staaten außerhalb der westlichen Wertegemeinschaft exportieren, die es mit den Prinzipien von Demokratie und Rechtsstaatlichkeit nicht so genau nehmen. Möchte man den Ausschluss der Rüstungsindustrie konsequent umsetzen, so müsste man auch die Zulieferer sämtlicher Bau- und Ersatzteile einbeziehen. Da kommen dann schnell weite Teile der Industrie auf die Liste. Panzer, Kampfjets und Fregatten setzen sich nun mal aus einer Vielzahl von Bauteilen zusammen.
Tabak, Alkohol und Glückspiel werden von Investoren aus dem kirchlichen Raum traditionell abgelehnt. Hintergrund sind dabei die Suchtgefahr und die fatalen Folgen für die einzelne Person (Gesundheit, Finanzen). Doch was ist mit Weinbergen, die oft schon jahrhundertelang im Eigentum von Stiftungen sind, oder mit der lokalen Klosterbrauerei? Sind hier nicht andere Maßstäbe anzulegen?
Beim Thema Glücksspiel muss man sich bewusst sein, dass der Staat in Deutschland der größte Veranstalter von Glücksspielen ist. Das umfasst die Lotteriespiele und die staatlichen Spielbanken. Mit den Einnahmen werden oft gemeinnützige Zwecke gefördert.
Ein Problem stellen die privaten Spielhallen dar, die inzwischen in großer Zahl in allen Städten vorhanden sind und teilweise von der organisierten Kriminalität zur Geldwäsche benutzt werden.

Soziale Ausschlusskriterien

Kinderarbeit auf Kakaoplantagen für unsere Schokolade und skandalöse Arbeitsbedingungen von Näherinnen in Bangladesch, die unsere Billigtextilien produzieren, sind trauriger Alltag.

Der Ausschluss von Unternehmen, die davon profitieren, setzt die Aufdeckung solcher Zustände voraus. Das ist aber nicht einfach, da die Lieferketten oft komplex sind und zahlreiche Nachunternehmer und Zulieferer umfassen, die nach außen nicht erkennbar in Verbindung mit dem Auftraggeber stehen. Das Lieferkettengesetz auf EU-Ebene soll hier zukünftig für mehr Transparenz sorgen.

Ausschlusskriterien aufgrund staatlicher/gesellschaftlicher Struktur

Niemand möchte, dass sein Geld in Staaten fließt, in denen Menschen geköpft oder ausgepeitscht oder ganze Volksgruppen in Umerziehungslager gesteckt werden. Leider gehört auch das zu unserem Alltag, mit dem wir uns arrangiert haben. Direktinvestitionen z. B. in Form vom Erwerb von Staatsanleihen in diese Staaten sind leicht zu vermeiden. Aber was ist mit Unternehmen, die in diesen Staaten produzieren lassen oder Rohstoffe abbauen? Auch hier zeigt sich, dass die Anlageziele drastisch zusammenschmelzen, wenn die Kriterien buchstabengetreu auslegt werden.

Auswählen

Beim Ausschluss ging es darum, gezielt Investitionen auszuschließen, die den Prinzipien der nachhaltigen Geldanlage widersprechen. Im Gegensatz dazu geht es beim Auswählen darum, Investitionen zu finden, die diese Prinzipien unterstützen. Diese Kriterien bilden das Spiegelbild der Ausschlusskriterien (siehe Tab. 4).

Häufig besteht das Problem, dass die aufgeführten Kriterien nicht immer lehrbuchmäßig bei den Unternehmen, in die investiert werden soll, umgesetzt sind. Daraus ergibt sich die Notwendigkeit, Wertungen vorzunehmen. In diesem Zusammenhang sind die folgenden beiden Prinzipien zu unterscheiden:

- Best in class
- Best in progress

Beim **Best-in-class-Prinzip** geht es darum, innerhalb einer bestimmten Branche ein Unternehmen auszuwählen, das hinsichtlich bestimmter Auswahlkriterien eine führende Rolle einnimmt. So könnte aus der Baubranche beispielsweise ein Unternehmen als Investitionsziel ausgewählt werden, das die höchste Quote an recycelten Baustoffen einsetzt.

Das **Best-in-progress-Prinzip** verfolgt im Unterschied dazu den Ansatz, ein Unternehmen innerhalb einer Branche auszuwählen, das zwar hinsichtlich der Auswahlkriterien nicht führend ist, aber zuletzt die größten Fortschritte gemacht hat. Die Investition in solche Unternehmen soll die **Veränderungsbereitschaft** belohnen.

Für die Unternehmen, die in den Fokus der nachhaltigen Geldanlage gelangen, ist die Beachtung dieser Prinzipien von Vorteil, da dies zu ihrer Reputation beiträgt. Außerdem ist von Investoren, die nach den Gesichtspunkten der nachhaltigen Geldanlage investieren, ein mittel- bis langfristiger Anlagehorizont zu erwarten. Sie tragen damit zur Stabilität der Anlegerstruktur und des Aktienkurses bei.

Branchen- und sektorbezogene Auswahlkriterien	• Energieerzeugung aus regenerativen Quellen • Herstellung von Windkraft- und Solaranlagen • Recycling von Produkten • Besonders umwelt- und klimaschonende Produkte bzw. Produktionsweisen • Fairer Handel
Soziale Auswahlkriterien	• Familiengerechte Arbeitsbedingungen • Förderung von Gleichberechtigung und Diversität • Leistungsgerechte Bezahlung
Auswahlkriterien aufgrund staatlicher/gesellschaftlicher Struktur	• Demokratische Staatsform • Rechtsstaatliche Prinzipien • Schutz von Minderheiten • Presse- und Versammlungsfreiheit

Tab. 4: Auswahlkriterien für nachhaltige Geldanlage

Ansprechen

Beim letzten der drei As, dem Ansprechen, handelt es sich um den kritischen Dialog mit Unternehmen. Dabei wird vonseiten der Anleger auf Missstände und Verbesserungspotenziale auf dem Feld der Nachhaltigkeit hingewiesen und das Management zu Veränderungen aufgefordert.

2.2.3 Zweckförderndes Investieren

Beim zweck**konformen** Investieren geht es darum, nur Geldanlagen zu tätigen, die im Einklang mit den Werten der jeweiligen Organisation stehen (Auswählen) oder wenigstens diesen nicht entgegenstehen (Ausschließen).

Der Gedanke des zweck**fördernden** Investierens geht noch einen Schritt weiter. Hier dient schon die Investition an sich dem Zweck der jeweiligen Organisation.

Die Tabelle 5 zeigt drei Beispiele, die jeweils mit den korrespondierenden SDG der Vereinten Nationen ergänzt wurden. Die SDG werden in diesem Buch ausführlich in Kapitel 5.1.5 erläutert.

Für die Einbindung sowohl der Investition als auch der daraus erwirtschafteten Rendite in den Dienst der Sache hat sich der englische Begriff **impact investing** etabliert.

Die glückliche Verknüpfung von Investition und Rendite stellt gewissermaßen die Krone des nachhaltigen Investierens dar. Darin stecken aber auch Probleme:

- Für manche Zwecke sind zweckfördernde Investitionen schwer umsetzbar.
- Es handelt sich häufig um sehr individuelle Konzepte, die vonseiten der investierenden Organisation ein hohes Maß an Engagement erfordert.
- Das notwendige Investitionsvolumen einzelner Maßnahmen kann hoch sein und erfordert ein entsprechend großes Vermögen.

	Beispiel	SDG-Ziel
1	Eine Stiftung, deren Ziel die **Förderung von Frauen** in unterentwickelten Ländern ist, könnte Kleinkredite zur Gründung von Kleinunternehmen an Frauen **(micro financing)** ausreichen. Durch die Zinsen für diese Kredite wird eine Rendite erwirtschaftet, die wiederum für den Stiftungse zweck verwendet wird, und durch die Verbesserung der wirtschaftlichen Situation der Kreditnehmerinnen wird gleichzeitig der Stiftungszweck genauso gut erfüllt.	1 KEINE ARMUT; 4 HOCHWERTIGE BILDUNG; 10 WENIGER UNGLEICHHEITEN
2	Eine Stiftung zur **Förderung des Klimaschutzes** könnte in die Errichtung von größeren **Photovoltaikanlagen** auf den Dächern von großen Gewerbebetrieben investieren. Aus der Einspeisevergütung bzw. den Einnahmen aus dem Verkauf von Strom wird eine Rendite erwirtschaftet, die dem Stiftungszweck zufließt, und die Erzeugung von Solarstrom dient zugleich dem Klimaschutz.	13 MASSNAHMEN ZUM KLIMASCHUTZ; 7 BEZAHLBARE UND SAUBERE ENERGIE
3	Eine gemeinnützige Organisation **zur Förderung von Menschen mit Behinderungen** könnte eine **barrierefreie Werkstatt** errichten und an Einrichtungen vermieten, die Arbeit für Menschen mit Behinderungen anbieten. Aus den Mieteinnahmen wird eine Rendite erwirtschaftet, die der gemeinnützigen Organisation für weitere Investitionen zur Verfügung steht, und der Betrieb der Werkstatt an sich ist schon Teil der Förderung, da sie für die Zielgruppe eine Arbeitsmöglichkeit eröffnet, die es sonst nicht gegeben hätte.	10 WENIGER UNGLEICHHEITEN; 8 MENSCHENWÜRDIGE ARBEIT UND WIRTSCHAFTSWACHSTUM

Tab. 5: Beispiele für zweckförderndes Investieren

2.2.4 Hemmnisse bei der Umsetzung

Die Erläuterungen zum zweckkonformen und zweckfördernden Investieren legen den Schluss nahe, dass diese beiden Wege sich schon weitgehend durchgesetzt haben sollten. Dies ist jedoch nicht der Fall. Bei der Umsetzung gibt es leider Hemmnisse sowohl auf der strategischen als auch auf der operativen Ebene.

Hemmnisse auf der strategischen Ebene

- Grundsätzliche Vorbehalte: Die traditionelle Trennung zwischen Erwirtschaftung der Rendite und Zweck der Mittelverwendung funktionierte bisher auch.
- Fehlendes Wissen der Entscheidungsträger: Das nachhaltige Investieren ist ein vergleichsweise neues Feld, das sich zudem dynamisch entwickelt.
- Ideologische Vorbehalte: Nachhaltiges Investieren steht im Verdacht, politisch besetzt zu sein.
- Wenig Zeit im Tagesgeschäft: Die Thematik des nachhaltigen Investierens erfordert ein gewisse Einarbeitungszeit. Das gilt in besonderem Maße für *impact investing*.

Die Analyse der Hemmnisse zeigt, dass diese zu einem großen Teil auf mangelndes Wissen auf der Entscheidungsebene zurückzuführen ist. Mit zunehmender Verbreitung des Themas werden entsprechende Defizite in der Zukunft wahrscheinlich abgebaut werden können. Ebenso dürften sich die ideologischen Vorbehalte wahrscheinlich in Zukunft verringern.
Auch zukünftig wird die bewusste grundsätzliche Trennung zwischen der Geldanlage einerseits und dem Zweck der jeweiligen Organisation andererseits eine Rolle spielen.

Hemmnisse auf der operativen Ebene
Einschränkung des Anlageuniversums: Durch die Fokussierung auf nachhaltige Investitionen gehen möglicherweise bessere Renditechancen bei anderen Anlagenoptionen verloren.

- Fehlen allgemein akzeptierter Standards: Es gibt keine konkreten gesetzlichen Vorgaben oder Branchenstandards, sodass die Orientierung bei Anlageentscheidungen fehlt.
- Komplexität des Themas: Die Themenvielfalt mit ökologischen, sozialen und unternehmensbezogenen Aspekten ist für den Laien schwer fassbar, sodass eine externe Expertise gegebenenfalls erforderlich ist.
- Gefahr des **Green Washings**: Unternehmen und Initiatoren von strukturierten Produkten wie Fonds könnten ihre Produkte „nachfragegerecht" im Hinblick auf die Kriterien der nachhaltigen Anlage schönen.
- Teure Anlageprodukte: Strukturierte Anlageprodukte sind häufig teuer, da die Initiatoren an der steigenden Nachfrage verdienen wollen.
- Wirksamkeit von Maßnahmen nicht nachvollziehbar: Bei zweckfördernden Investitionen ist die Wirksamkeit von Maßnahmen schwer messbar, sofern kein entsprechend transparentes Reporting besteht.
- Liquidität: Bei zweckfördernden Investitionen ist die Liquidität der Anlagen meist sehr eingeschränkt im Vergleich zu klassischen Investmentfonds oder Aktien.

Analog zu den Hemmnissen auf der strategischen Ebene spielt fehlendes Wissen über das nachhaltige Investieren eine wichtige Rolle.
Hinzu kommen Hemmnisse, die auf mangelnde Orientierung im Produkteangebot und auf ein derzeit noch geringes Angebot an geeigneten Produkten zurückzuführen sind. Außerdem spielt die Skepsis in Bezug auf die Verpackung von Finanzprodukten eine Rolle, die möglicherweise mehr verspricht, als der Inhalt halten kann.
Beim zweckfördernden Investieren wirken sich die Größe und die Individualität der Maßnahmen hinderlich auf die Umsetzung aus.

2.3 Nachhaltigkeit bei der Immobilienanlage

Dieses Buch fokussiert sich auf die *direkte* Anlage in Immobilien. Es soll der Vollständigkeit halber an dieser Stelle darauf hingewiesen werden, dass auch die Möglichkeit zur Immobilienanlage nach den Aspekten von ESG über indirekte Investitionen, das heißt über ein Anlagevehikel, in Immobilien möglich ist. Dabei sind die folgenden Arten denkbar:

- Aktien von Immobilienunternehmen
- Immobilienfonds (offene Fonds, geschlossene Fonds, Spezialfonds)
- Anleihen von Immobilienunternehmen
- Real Estate Investment Trusts (REIT)

Auf die Problematik des **Green Washings** wurde bereits im Kapitel 2.2.4 hingewiesen.

Zweckkonforme Investitionen
Eine Möglichkeit der zweckkonformen Investition besteht darin, eine Immobilie mit einem Nachhaltigkeitszertifikat, zum Beispiel von der Deutschen Gesellschaft für Nachhaltiges Bauen (DGNB), zu kaufen. Das Thema Nachhaltigkeitszertifikate wird in Kapitel 3.4 ausführlich erläutert.
Sofern es sich bei dieser Immobilie um einen Neubau handelt, der den Gebäudebestand im Land vergrößert, ist auch bei bester Energieeffizienz des neu errichteten Gebäudes eine Verschlechterung der energetischen Gesamtbilanz in diesem Land zu verzeichnen. Die Summe des Energiebedarfs aller Gebäude erhöht sich um den Energiebedarf des neu errichteten Gebäudes.
Ein anderer Weg besteht darin, ein älteres Bestandsgebäude zu kaufen und durch bauliche Maßnahmen eine Verbesserung der Situation zu schaffen. Verbesserungen des *status quo ante* können dabei auf den folgenden Feldern erfolgen:

- Verringerung des Energieverbrauchs für Beheizung und Warmwassererzeugung
- Verringerung des Stromverbrauchs für Beleuchtung, Haustechnik und Anlagentechnik
- Einbeziehung regenerativer Energien bzw. Erzeugung regenerativer Energie auf dem Grundstück
- Verringerung des Wasserverbrauchs
- barrierefreier Umbau

- Entsiegelung von Grundstücksflächen und Begrünung von Außenflächen und Dächern
- Schaffung von Außenflächen bzw. Verbesserung der Qualität von Außenflächen für die Gebäudenutzer
- Sanierung von Altlasten auf dem Grundstück und fachgerechte Entsorgung von gesundheitsgefährdenden Stoffen im Gebäude

Ein solcher Verbesserungssprung ist nicht nur bei den weit verbreiteten Gebäudearten wie Mehrfamilienhäusern und Wohn- und Geschäftshäusern, sondern auch bei Gewerbeimmobilien möglich.
Ein nach den vorgenannten Gesichtspunkten saniertes Gebäude wird sich voraussichtlich dauerhaft gut vermieten lassen, da es konkrete Vorteile hinsichtlich Betriebskosten und Komfort für die Mieter bringt. Außerdem können insbesondere gewerbliche Mieter vom verbesserten Image der Immobilie profitieren.
Die Sanierung eines Bestandsgebäudes ist auch mit Risiken verbunden. Es handelt sich um die typischen Projektentwicklungsrisiken:

- **Kosten:** Die Baukosten können wegen unerwarteter Ausgaben, Fehlannahmen im Rahmen der Projektierung oder allgemeiner Preissteigerungen höher als erwartet ausfallen.
- **Termin:** Die Bauphase kann sich wegen unerwarteter Ereignisse bzw. Schwierigkeiten verlängern und das Projekt wird mit Zeitverzögerung abgeschlossen. Dies kann zu höheren Zwischenfinanzierungskosten und später einsetzenden Mietzahlungen führen.
- **Miethöhe:** Durch Veränderungen am Mietmarkt während der Projektierungs- und Bauphase oder wegen fehlerhafter Prognosen in Bezug auf die Miethöhe können die tatsächlich erzielten Mieteinnahmen niedriger ausfallen.

Mögliche Risiken der Baumaßnahmen sollten daher im Rahmen eines Risikomanagements identifiziert und fortlaufend überwacht werden.

Zweckfördernde Investitionen

Immobilien sind grundsätzlich sehr gut geeignet, um zweckfördernde Investitionen umzusetzen. Dabei steht die **Nutzung** der Immobilie im Fokus. Diese wird so gewählt, dass sie dem **Zweck der Organisation**, die Eigentümerin des Gebäudes ist, entspricht. Nachfolgend sind Beispiele für zweckförderndes Investieren in Immobilien aufgeführt:

- Wohngebäude für Menschen mit Behinderungen
- Wohngebäude für Wohngemeinschaften (Senioren, Studenten etc.)
- Sozialer Wohnungsbau
- Wohngebäude für Personengruppen, die auf dem freien Wohnungsmarkt unzureichend versorgt werden (Haftentlassene, Obdachlose, Flüchtlinge)
- Barrierefreie Wohngebäude
- Gewerbegebäude (Büro, Werkstätten, Labore) für junge Unternehmen (Start-ups)
- Werkstätten für gemeinnützige Unternehmen

Die jeweilige Organisation, zum Beispiel eine Stiftung, erzielt zum einen positiven Cashflow aus der Immobilie, die sie für den Zweck ihrer Organisation einsetzen kann, und zum anderen wird genau dieser Zweck schon durch die Nutzung des Objektes an sich gefördert.
Eine Sonderstellung nimmt die Investition in **denkmalgeschützte Gebäude** ein. **Baudenkmale** sind *per se* ein Beispiel für Nachhaltigkeit, da ihre Bausubstanz dauerhaft erhalten wird. Der Schutz von Denkmälern kann außerdem der Förderzweck einer Organisation sein, die sich den Schutz von Kulturgütern zur Aufgabe gemacht hat. Häufig zeichnen sich denkmalgeschützte Gebäude durch eine hohe gestalterische Qualität aus, die oft auch ein Kriterium für Unterschutzstellung ist. Die Nutzer solcher Objekte profitieren von dieser besonderen Qualität.

Die Quintessenz – fassen wir doch noch einmal zusammen

Es gibt keine normierte Vorgabe, die abschließend definiert, was unter Nachhaltigkeit zu verstehen ist.

Die Vorstellungen zur Nachhaltigkeit haben sich im Laufe der Zeit immer weiterentwickelt. Sie sollten sich trauen, Ihr eigener Nachhaltigkeitsmanager zu sein und für Ihre Tätigkeit die für Sie relevanten Nachhaltigkeitsschwerpunkte zu definieren.

Die Vereinten Nationen haben mit den Sustainable Development Goals (SDG) Ziele für die nachhaltige Entwicklung der Welt formuliert, an denen man sich orientieren kann.

Die Vorstellungen zu Environmental, Social and Governance (ESG) haben ihren Ursprung in der Welt der Wirtschaft und erfahren fortlaufend neue Impulse.

Mit der EU-Taxonomie wurden erstmals verbindliche Vorgaben gemacht, die erfüllt sein müssen, damit ein Investment als nachhaltiges Investment bezeichnet werden darf. Anleger erhalten dadurch Sicherheit und Finanzströme werden in nachhaltige Investitionen gelenkt. Im Anschluss sehen Sie den Transfer der Modelle auf das Feld der Immobilienanlage, wobei Sie Anregungen für die konkrete Umsetzung erhalten.

Bei der Geldanlage besteht im Sinne der Nachhaltigkeit die Möglichkeit der zweckbezogenen Investition. Dabei werden neben dem Renditegedanken weitergehende Ziele verfolgt. Mit zweckkonformen Investitionen wird sichergestellt, dass Investitionen nicht im Widerspruch zu eigenen Zielen stehen. Mit zweckfördernden Investitionen werden die eigenen Ziele bereits mit der Investition an sich gefördert.

3 Nachhaltigkeit bei Neubau und Sanierung von Gebäuden

Inhaltsübersicht

Dieses Kapitel führt in die Thematik der Kreislaufwirtschaft ein, die neben der Energieeinsparung die größte Herausforderung für die Immobilienwirtschaft ist. In diesem Zusammenhang wird der über das bloße Recycling hinausgehende Anspruch von Cradle to Cradle (C2C), der eine Wiederverwendung der Bauteile zum Inhalt hat, vorgestellt.

Die Nachhaltigkeitsaspekte bei Neubau und Sanierung von Gebäuden werden anhand von Praxisbeispielen veranschaulicht.

Die Beschäftigung mit dem Thema Nachhaltigkeit hat in der Bau- und Immobilienbranche eine längere Tradition als in der Finanzbranche. Dabei wird der gesamte Lebenszyklus eines Gebäudes betrachtet. Dieser besteht aus den folgenden Phasen:

Phase 1: Gewinnung, Herstellung und Transport von Baustoffen
Phase 2: Errichtung des Gebäudes (Bau- und Planungsphase)
Phase 3: Betriebsphase mit Instandhaltungs- und Modernisierungsarbeiten
Phase 4: Abbruch des Gebäudes und Recycling bzw. Entsorgung von Baumaterialien

Ein Hauptaugenmerk im Zusammenhang mit der Nachhaltigkeit von Gebäuden liegt auf dem sparsamen Umgang mit Energie und Ressourcen bei der Errichtung des Gebäudes (Phase 2), einer hohen Energieeffizienz während der Nutzung (Phase 3) und einer hohen Recyclingquote für die beim Rückbau freiwerdenden Materialen (Phase 4).

3.1 Cradle to Cradle (C2C) und Recycling

Unter Nachhaltigkeitsgesichtspunkten ist die Bau- und Immobilienbranche aus mehreren Gründen kritisch zu betrachten.

Da ist zuerst der hohe Anteil des Energieverbrauchs für **Beheizung, Klimatisierung und Warmwasserversorgung** des Gebäudebestands zu sehen. Dem kann durch die energetische Verbesserung der Gebäudehüllen sowie der Erhöhung des Anteils an regenerativen Energien entgegengewirkt werden.
Auch der Energiebedarf für die **Gewinnung, Herstellung und Transport von Baustoffen** sowohl für Neubauten als auch für die Sanierung von Bestandsgebäuden ist erheblich. Hier schlagen schon allein die schieren Massen der benötigten Baumaterialen zu Buche. Mögliche Antworten sind hier die Erhöhung des Anteils regenerativer Energien im Herstellungsprozess sowie Transportalternativen zum klassischen LKW.
Das Problem der Massen besteht nicht nur im Bereich von Gewinnung, Herstellung und Transport von Baustoffen, sondern betrifft auch **den Abbruch und die Entsorgung** von Gebäuden.

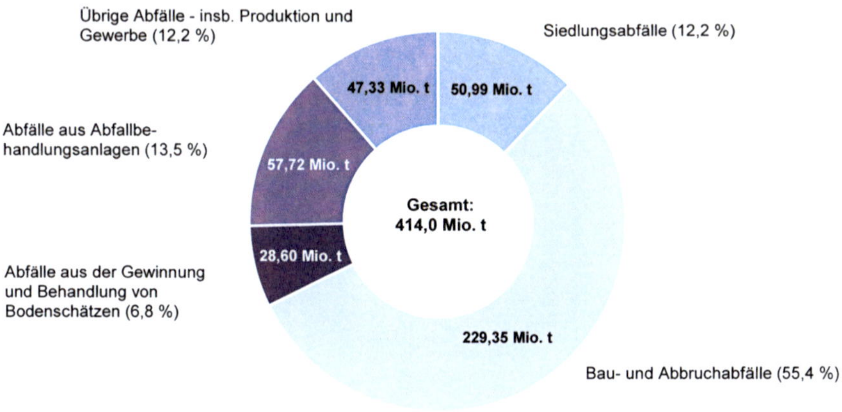

Abb. 1: Abfallaufkommen in Deutschland im Jahr 2020
(Daten: Statistisches Bundesamt; Darstellung: Dieter Eimermacher)

Abbildung 1 zeigt, dass über 50 % des Abfallaufkommens in Deutschland aus Bau- und Abbruchabfällen besteht. Deren Zusammensetzung nach Baustoffgruppen zeigt Abbildung 2.

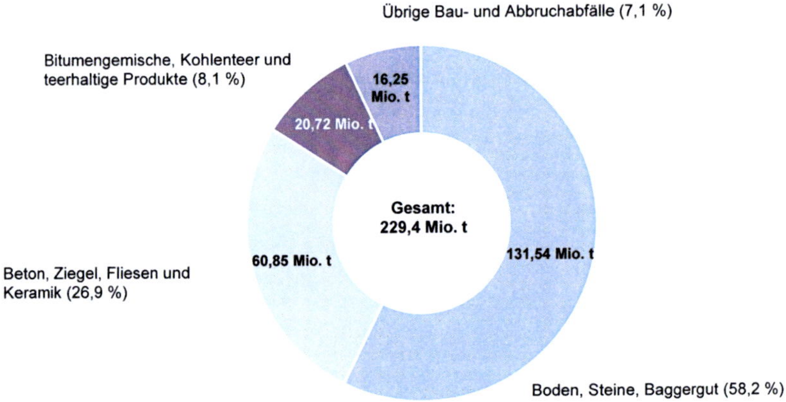

Abb. 2: Bau- und Abbruchabfälle in Deutschland im Jahr 2019
(Daten: Statistisches Bundesamt; Darstellung: Dieter Eimermacher)

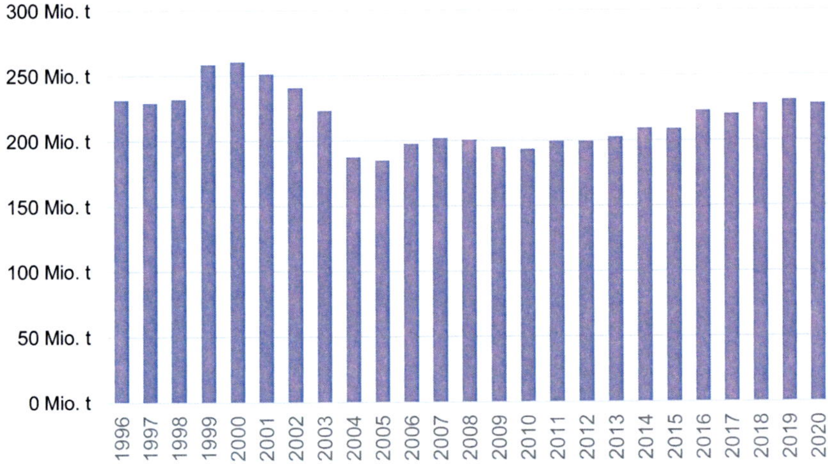

Abb. 3: Entwicklung der Bau- und Abbruchabfälle in Deutschland von 1996 bis 2020
(Daten: Statistisches Bundesamt; Darstellung: Dieter Eimermacher)

Ein nicht unerheblicher Teil des Abbruchmaterials landet aktuell auf Deponien. Damit geht die in den Materialien gebundene Energie, die bei Gewinnung,

Herstellung und Transport verbraucht wurde, verloren. Man spricht in diesem Zusammenhang von **grauer Energie**. Zudem werden Flächen für Deponien benötigt, die anders sinnvoller genutzt werden könnten. Der Lösungsansatz lautet hier, die Wiederverwendung von Baumaterialien zu ermöglichen.

Aus Abbildung 3 geht hervor, dass die Entwicklung der Abfallmenge aus Bau- und Abbruchabfällen Anfang der 2000er-Jahre im Zusammenhang mit dem damaligen Konjunktureinbruch stark rückläufig war. Mit Anziehen der Baukonjunktur seit ca. 2012 steigt die Abfallmenge wieder kontinuierlich an und nähert sich dem Höchststand des Jahres 2000. Es sind dringend strukturelle Reformen zur Abfallvermeidung erforderlich, um die Entwicklung der Abfallmenge von der konjunkturellen Entwicklung abzukoppeln.

Tabelle 6 stellt die grundsätzlichen Probleme der Bauwirtschaft im Hinblick auf die Nachhaltigkeit den Lösungsansätzen gegenüber.

Problem	Lösungsansätze
Hoher Energiebedarf für Beheizung, Klimatisierung und Warmwassererzeugung des Gebäudebestandes	Errichtung von Neubauten im Null-Energie-Standard Energetische Sanierung von Bestandsbauten Deckung des Energiebedarfs mithilfe erneuerbarer Energien
Hoher Energiebedarf für Gewinnung, Herstellung und Transport von Baustoffen	Deckung des Energiebedarfs im Herstellungsprozess und beim Transport mithilfe erneuerbarer Energien Transport von Baumaterialien auf der Schiene bzw. mit Schiffen statt mit dieselbetriebenen LKW Verringerung des Energiebedarfs für die Gewinnung von Baumaterialien durch Verwendung von Recyclingmaterial
Verlust grauer Energie und hoher Bedarf von Deponieflächen bei der Entsorgung von Abbruchmaterialien	Verringerung des Deponieflächenbedarfs durch Recycling von Baumaterialien Vermeidung des Verlustes an grauer Energie durch die Wiederverwendung von Bauteilen (C2C-Ansatz)

Tab. 6: Probleme und Lösungsansätze der Bau- und Immobilienbranche

In **Ziel Nr. 12** (nachhaltige Konsum- und Produktionsweisen) der **Sustainable Development Goals** wird die Forderung formuliert, das Abfallaufkommen durch Vermeidung, Verminderung, Wiederverwertung und Wiederverwendung deutlich zu verringern. Im **European Green Deal** wird der Übergang zur Kreislaufwirtschaft für die Bauindustrie als Ziel genannt.
Die Bemühungen um das Recycling von Bauabfällen sind im Bauwesen nicht neu. Allein die hohen Deponiekosten für gemischte Baustoffabfälle erziehen zu einer Trennung der Bauabfälle nach Stoffgruppen. Die Recyclingquoten sind bei den einzelnen Baustoffgruppen höchst unterschiedlich: Sehr hoch (bis zu 90 %) sind sie zum Beispiel bei Metallen. Diese können wieder eingeschmolzen und zu gleichwertigen Produkten verarbeitet werden.
Ganz anders sieht es bei den mineralischen Baustoffen aus. Beton und Mauerwerksteine aus Abbrüchen werden aus technischen Gründen eher selten wieder zu Beton oder Mauersteinen verarbeitet, sondern werden z. B. als Recyclingmaterial im Straßenbau eingesetzt. Es handelt sich aber eigentlich um ein **Downcycling**, also eine Wiederverwendung in einem minderwertigeren Produkt. Ähnlich verhält es sich mit Fensterglas (Flachglas). Anders als bei Glasflaschen, die über Sammelcontainer wieder der Glasflaschenproduktion zugeführt werden, können Glasscheiben aus Abbrüchen nicht wieder zu Flachglas verarbeitet werden. Bei der Flachglasproduktion ist eine hohe Reinheit der Rohstoffe erforderlich. Diese kann mit Scherben aus Abbruchmaterial nicht gewährleistet werden. Als Resultat wird das Flachglas in anderen, minderwertigen Glasprodukten eingesetzt.
Besonders schlecht ist die Situation bei sogenannten **Verbundwerkstoffen**, bei deren Herstellung zwei oder mehr Materialien dauerhaft fest miteinander verklebt oder verbunden werden. Hier ist eine sortenreine Aufarbeitung kaum möglich. Als negatives Beispiel dienen hier Wärmedämmverbundsysteme. Dabei werden zum Beispiel Polystyroldämmplatten auf das Außenmauerwerk geklebt und auf der Außenseite mit einem Kunstharzputz verputzt, in den zusätzlich noch Gewebe zur Stabilisierung eingebracht werden. Der Putz enthält wiederum manchmal noch ein Herbizid, um Algenbildung zu verhindern. Beim Recycling in der Bauwirtschaft handelt es sich leider häufig um eine Mogelpackung.

Problem	Lösungsansätze
Aktuelle Bauweisen sind häufig nicht auf zerstörungsfreien Rückbau ausgerichtet.	• Entwicklung von lösbaren Bauteilverbindungen. • Kein Einsatz von Verbundbaustoffen. • Übersetzung von Verbundbaustoffen in lösbare Verbindungen (z. B. Klettverbindungen für Wärmedämmverbundsystem; Trockenmauerwerk ohne Fugenmörtel oder Verklebung). • Zertifizierung von Baumaterialien in Bezug auf C2C-Qualitäten.
Nutzer und Planer von Gebäuden und Genehmigungsbehörden müssen umdenken.	• Bei neu zu errichtenden Gebäuden müssen der Rückbau und die Wiederverwendung von Bauteilen geplant werden. • Nutzer bzw. Auftraggeber von Gebäuden müssen zu Kompromissen bezüglich Optik und technischer Eigenschaften bei Wiederverwendung von Bauteilen bereit sein. • Technische Nachweise für wiederverwendbare Bauteile müssen vonseiten der Behörden ermöglicht werden. • Planer müssen bereit sein, Planungsprozesse zu verändern, um die Wiederverwendung von Bauteilen zu ermöglichen. • Auftraggeber von Gebäuden müssen bereit sein, höhere Planungskosten in Kauf zu nehmen, die sich aus veränderten Planungsprozessen ergeben können.
Die Verfügbarkeit von wiederverwendbaren Bauteilen am Markt	• Bei neu zu errichtenden Gebäuden müssen die verwendeten Bauteile mit einem digitalen Bauteilpass dokumentiert werden, um sie im Falle des Rückbaus leichter vermarkten zu können. • Etablierung von Marktplätzen für den Handel mit wiederverwendbaren Bauteilen müssen geschaffen werden (Beispiele: bauteilnetz.de). • Es muss Aufklärungsarbeit gegenüber den Bauschaffenden und der Öffentlichkeit geleistet werden (Beispiel: C2C NGO, Berlin). • Nutzung digitaler Technologien zur Verwirklichung des Green Deals.

Tab. 7: Probleme und Lösungsansätze zur Etablierung von C2C

An dieser Stelle setzt die Philosophie des **Cradle to Cradle** (Kurzform: **C2C**) an. Der Begriff lautet ins Deutsche übersetzt „Von der Wiege zur Wiege" und ist im Kontrast zum Ausdruck „Von der Wiege bis zur Bahre" (*from the cradle to the grave*) zu verstehen. Unter der Bahre bzw. Grave ist im Zusammenhang mit Baustoffabfällen allzu oft die **Deponie** oder eine Art des **Downcycling** gemeint. Was sehr erstrebenswert klingt, ist in der Praxis aktuell nur mit Schwierigkeiten umsetzbar, allein schon aus dem Grund, dass die Gebäude, die heute abgerissen werden, nicht mit dem Gedanken einer Wiederverwendung ihrer Bauteile errichtet wurden. Wichtig ist daher, den C2C-Ansatz schon im **Entwurfsprozess** zu berücksichtigen, um später eine zerstörungsfreie Demontage zu ermöglichen. Aber auch die Auftraggeber und Nutzer von Gebäuden müssen **umdenken** und bereit sein, wiederverwendete Materialen in ihren Gebäuden zu verwenden. Dies erfordert Kompromissbereitschaft bei Optik und technischen Eigenschaften zugunsten der Nachhaltigkeit. Außerdem müssen neue **Marktplätze** für wiederverwendbare Bauteile entstehen, auf denen Anbieter von wiederverwendbaren Bauteilen und potenzielle Nutzer zusammenfinden (Tab. 7 führt die Probleme im Zusammenhang mit der Etablierung des C2C-Ansatzes sowie mögliche Lösungsansätze auf).

Abb. 4: Winterthur (CH), Aufstockung und Modernisierung Gewerbebau mit wiederverwendeten Materialien (Planung: Baubüro in situ AG, Basel; Foto: Martin Zeller)

Die Abbildung 4 zeigt ein Beispiel für ein Projekt mit überwiegend **wiederverwendeten** Materialien. Es handelt sich um die Aufstockung eines ehemaligen Industriegebäudes mit Flächen für Werkstätten und Ateliers in Winterthur (CH). Das Projekt wurde für eine Stiftung, die eine nachhaltige Anlagestrategie verfolgt, errichtet. Das Projekt veranschaulicht auch die neuen Herausforderungen bei der Wiederverwendung von Bauteilen. So wurden die Geschosshöhen der Aufstockung durch die Abmessungen einer wiederverwendeten Stahlaußentreppe vorgegeben. Die äußeren Abmessungen ergeben sich aus dem Rastermaß der wiederverwendeten Stahltragkonstruktion. Die wiederverwendeten Aluminiumbleche der Fassade weisen verschiedene Profilarten auf und mussten daher in geschuppter Anordnung montiert werden.
Im Sinne der Nachhaltigkeit war das historische Fachwerkhaus unserer Vorfahren das ideale Haus:

- Das Holztragwerk bestand aus nachwachsenden Rohstoffen und war dank zerstörungsfrei lösbarer Verbindungen (Steckverbindungen/Holznägel) wiederverwendbar.
- Die Ausfachungen bestanden aus Lehm, einem Material, dessen Gewinnung wenig Energie verbraucht und das nach Abbruch problemlos wiederverwendet werden kann.
- Die Fundamente bestanden aus Naturstein, der vor Ort verfügbar war (Feldsteine oder Bruchsteine) und problemlos wiederverwendet werden konnte.
- Die Beheizung erfolgte mit dem nachwachsenden Rohstoff Holz.

Müssen wir also zurück zu unseren Wurzeln?

3.2 Neubauten

Die Beachtung von Nachhaltigkeitskriterien bei Neubauten ist ein weites Feld, wie in Kapitel 3.4 zum Thema Zertifizierungssysteme noch gezeigt werden wird.
Aus Gründen der Anschaulichkeit sollen hier die folgenden vier besonders wichtigen Punkte betrachtet werden:

- Energiebedarf und -bedarfsdeckung
- Verwendete Materialien
- Recycling und C2C-Qualitäten
- Standort

Die Parameter **Energiebedarf** und **Energiebedarfsdeckung** stehen in einem Wechselverhältnis zueinander. Der Energiebedarf eines Neubaus kann durch Wärmedämmung, Anlagentechnik und planerische Maßnahmen stark reduziert werden. Dies ist aber mit einem entsprechend hohen Materialaufwand verbunden. So kann es sinnvoller sein, einen höheren Energiebedarf zu akzeptieren und diesen durch den Einsatz von Energie aus regenerativen Energieträgern zu decken.

Themenfelder	Lösungsansätze
A. Energiebedarf und -bedarfsdeckung	• Geringer Endenergiebedarf • Hoher Anteil an regenerativer Energie für die Deckung des Energiebedarfs • Gewinnung regenerativer Energien am Standort
B. Verwendete Materialien	• Hoher Anteil an nachwachsenden Rohstoffen • Kurze Transportwege • Hoher Anteil an recycelten Baumaterialien • Wiederverwendung von Bauteilen • Verwendung von Baumaterialien, bei deren Herstellung ein hoher Anteil regenerativer Energien besteht
C. Recycling und C2C-Qualitäten	• Wiederverwendung von Bauteilen ist durch zerstörungsfrei lösbare Verbindungen möglich • Baumaterialien können leicht sortenrein getrennt werden (keine/wenige Verbundwerkstoffe)
D. Standort	• Sofern Vorgängerbauten vorhanden waren, (teilweise) Einbeziehung in den Neubau • Vermeidung von zusätzlichem Flächenverbrauch

Tab. 8: Themenfelder Nachhaltigkeit für Neubauten mit Lösungsansätzen

Bei den verwendeten **Baumaterialien** ist neben den benötigten technischen Eigenschaften wie zum Beispiel Tragverhalten und Brandschutzeigenschaften auf Herkunft, Herstellung und Transport der Materialein zu achten, um die CO_2-Bilanz günstig zu beeinflussen.
Die Themen **Recycling** und **C2C-Qualitäten** sind bei der Auswahl der Baumaterialien, aber auch für den späteren Rückbau des Gebäudes zu bedenken.
Die **Standortwahl** entscheidet über zusätzlichen Flächenverbrauch, aber auch über die mögliche Wiederverwendung von Vorgängerbauten. Der Verzicht auf Abbruch von Bauteilen erhält die darin gebundene graue Energie.
Tabelle 8 stellt die vier Hauptthemenfelder sowie Lösungsansätze dar. Die darauffolgenden Beispiele zeigen anhand von konkreten Objekten die gelungene Umsetzung des Nachhaltigkeitsgedankens in die Praxis.

3.2.1 Praxisbeispiel Verkaufs- und Produktionsgebäude in Pettenbach (A)

Als gelungenes Beispiel für die umfassende Berücksichtigung von Nachhaltigkeitsaspekten kann das im Jahr 2018 errichtete Verkaufs- und Produktionsgebäude der Firma Grüne Erde in Pettenbach, Österreich, dienen.* Bei dem Unternehmen handelt es sich um einen Hersteller von Möbeln, Matratzen, Kosmetik und Bekleidung mit besonders hohem ökologischem Anspruch.
Das Gebäude dient dem Unternehmen nicht nur als Zweckbau, sondern soll auch die Unternehmensphilosophie anschaulich machen. Das Besucher- und Werkstättenzentrum ist für jeden zugänglich – Kunden und Besucher sollen die Grüne-Erde-Welt erleben. Zusätzlich werden Führungen angeboten.
Im Hinblick auf seine gewerbliche Nutzung, seiner eingeschossigen Bauweise und seiner Größe von über 9.000 m^2 handelt es sich um einen Gebäudetyp, wie er überall in unseren Gewerbegebieten in großer Zahl errichtet wird. Er tritt in Gestalt von Produktionsgebäuden mit Büro, Lager- und Logistikobjekten und Verkaufs- und Ausstellungsgebäuden auf.
Die Unterschiede zu üblichen Gewerbehallen zeigen sich schon in der Tragkonstruktion. Statt Stützen und Bindern aus Stahl oder Stahlbeton wird eine

* Vgl. Deutsche Bauzeitung 11 (2019), S. 21–25; im vorliegenden Buch werden schwerpunktmäßig die Aspekte der Nachhaltigkeit des Objektes dargestellt.

Holztragkonstruktion verwendet, die aus Holzstützen und einem rostartig verschachtelten System aus Leimholzbindern aus heimischem Nadelholz als Dachträger besteht. Für die Fassade werden schuppenartig arrangierte Holzbretter verwendet. Mit der Entscheidung für den Baustoff Holz für die im Hinblick auf ihre Masse sehr bedeutenden Bauelemente Tragwerk und Fassade wird die CO_2-Bilanz des Gebäudes bei der Errichtung sehr günstig beeinflusst.
Die Beheizung erfolgt über eine Wärmepumpe. Der für den Betrieb erforderliche Strom wird mit einer Photovoltaikanlage (310 kWp) gedeckt. Die Wärmeverteilung und die Kühlung erfolgen über den Fußboden. Zur Kühlung im Sommer dienen im ersten Schritt ohne Energieverbrauch die insgesamt 13 Innenhöfe, die zu den Innenräumen hin geöffnet werden können. In den Innenhöfen befinden sich unterschiedliche Waldgesellschaften, die teilweise mit Wassernebel besprüht werden. Das Objekt ist sowohl hinsichtlich Heizung als auch Kühlung unabhängig von fossilen Energieträgern.

Abb. 5: Verkaufs- und Produktionsgebäude in Pettenbach (A), Eingangsbereich (Foto: Grüne Erde)

Die Errichtung des Gebäudes führte nicht zu einem zusätzlichen Flächenverbrauch, da es anstelle eines ehemaligen Fabrikgebäudes errichtet wurde. Teile des Vorgängerbaus wurden vor Ort geschreddert und als Unterbau für

Abb. 6: Verkaufs- und Produktionsgebäude in Pettenbach (A), Innenraum mit Blick auf einen der 13 Innenhöfe und das Tragwerk aus Holzleimbindern (Foto: Grüne Erde)

Abb. 7: Verkaufs- und Produktionsgebäude in Pettenbach (A), Außenansicht der Fassade aus Holzelementen (Foto: Grüne Erde)

die befestigten Flächen eingesetzt. Ein Hallengebäude bleibt bestehen und wurde in den neuen Baukörper einbezogen, sodass die darin gebundene graue Energie erhalten blieb.

ECKDATEN	
Adresse:	A-4643 Pettenbach, Hinterbergstraße 4
Nutzung:	Verkaufsräume und Produktion
Größe:	9.125 m² Nutzfläche
Baujahr:	2018
Planer:	Terrain: integral designs, München/Graz
A. Energiebedarf und -bedarfsdeckung	• Tiefenbohrung mit Wärmepumpe • Photovoltaikanlage auf dem Dach (310 kWp) • Heiz- und Kühlschleifen im Boden • 13 Innenhöfe mit Waldgesellschaften zur natürlichen Belüftung und Kühlung; Sprühnebel in den Innenhöfen
B. Verwendete Materialien	• Holztragkonstruktion aus Holz, das aus lokalen Wäldern stammt • Holzfassade mit unbehandeltem Tannenholz • Schafwolle als Wärmedämmung
C. Recycling und C2C-Qualitäten	• Abbruchmaterial des Vorgängerbaus wurde vor Ort geschreddert und als Unterbau für befestigte Flächen verwendet. • Teile des Vorgängerbaus (Halle) blieben erhalten und wurden mit neuer Fassade versehen
D. Standort	• Standort ist Altstandort einer Fabrik • Keine zusätzliche versiegelte Fläche gegenüber Vorgängerbebauung

Tab. 9: Überblick Neubauobjekt Verkaufs- und Produktionsgebäude Pettenbach (Österreich)

3.2.2 Praxisbeispiel Mehrfamilienhaus Frankfurt am Main (Plusenergiehaus)

Das Mehrfamilienhaus in einem verdichteten Umfeld in Frankfurt am Main verfolgt den Plushausenergiestandard.* Dabei wird mehr Energie mit dem

* Vgl. Detail 02/2015, S. 52–59; im vorliegenden Buch werden schwerpunktmäßig die Aspekte der Nachhaltigkeit des Objektes dargestellt.

Abb. 8: Mehrfamilienhaus Frankfurt am Main, Luftaufnahme des langestreckten Baukörpers (Foto: ABG/Herbert Kratzel)

Abb. 9: Mehrfamilienhaus Frankfurt am Main, Teilansicht Fassade mit PV-Paneelen (Foto: ABG/Ralf Pelkmann)

Gebäude erzeugt, als für Beheizung, Kühlung, Warmwasserbereitung und Betrieb der Haushaltsgeräte der Bewohner verbraucht wird. Dieser Ansatz muss zukünftig bei Neubauten eine große Rolle spielen, wenn ab dem Jahr 2050 die Zielvorgabe negativer Treibhausgasemissionen erreicht werden soll (siehe Kap. 5.3.3).

Das Objekt wurde auf einem ungünstig geschnittenen Grundstück mit 150 m Länge und nur 9 m Breite errichtet, das zuvor als Parkplatz diente. Die Wärmeerzeugung erfolgt mit einer Wärmepumpe. Da aus technischen Gründen keine Erdsonde am Standort möglich war, wird die Wärme aus einem Abwasserkanal bezogen.

ECKDATEN	
Adresse:	60327 Frankfurt am Main, Speicherstraße 20–26
Nutzung:	Wohnen (im Erdgeschoss Einzelhandel)
Größe:	6.650 m² Wohnfläche
Baujahr:	2015
Bauherr:	ABG FRANKFURT HOLDING AG
Planer:	HHS Planer + Architekten AG, Kassel
A. Energiebedarf und -bedarfsdeckung	• Wärmepumpe (Wärmequelle Abwasserkanal) • Photovoltaikanlage auf dem Dach und an der Südfassade • Wärmeverteilung über Fußbodenheizung • Dezentrale Lüftungsanlagen mit Wärmerückgewinnung • Batterie mit 250 kWh Kapazität
B. Verwendete Materialien	• Stahlbetonwände und -decken (Schottenbauweise) • Fassade aus Holzrahmenelementen mit hinterlüfteten Faserzementplatten bzw. Solarpaneelen
C. Recycling und C2C-Qualitäten	• Fassaden sind leicht rückbaubar, da keine Verbundwerkstoffe verwendet wurden.
D. Standort	• Standort war zuvor Parkplatz. • Keine zusätzlich versiegelte Fläche gegenüber Vornutzung

Tab. 10: Überblick Neubauobjekt Mehrfamilienhaus Frankfurt am Main

Über drei Pufferspeicher werden die Fußbodenheizungen versorgt und das Warmwasser für die Wohnungen bereitgestellt. Auf dem Dach und an der Südfassade befinden sich Photovoltaikanlagen. Der erzeugte Strom wird vorrangig für den Bedarf des Gebäudes verwendet. Der überschüssige Strom wird in das Netz eingespeist. Um den Eigennutzungsanteil am erzeugten Strom zu erhöhen, wurde eine Batterie eingebaut. Die Wärmepumpe wird vorrangig dann eingesetzt, wenn ein Überschuss an Strom vorhanden ist. Diese Energie gelangt dann in die Pufferspeicher.
Ein grundsätzliches Problem bei der Energieerzeugung auf dem eigenen Grundstück besteht im zeitlichen Auseinanderfallen der Energieerzeugung und dem Energieverbrauch. Im vorliegenden Beispiel wurde die Lücke durch den Einsatz der Batterie und der intelligenten Steuerung der Haustechnik verkleinert, aber nicht vollständig geschlossen. Für diese Grundproblematik bei der Energieerzeugung aus regenerativen Quellen sind dringend Lösungen erforderlich.
Die Bauteile der Außenhülle wurden bezüglich der Wärmedämmeigenschaften in einer sehr hohen Qualität ausgeführt. Die Wohnungen verfügen jeweils über dezentrale Lüftungsanlagen mit Wärmerückgewinnung. Jede Wohnung verfügt zur Steuerung und zur Information über einen Touchpanel. Für den Erfolg des energetischen Konzeptes ist das Nutzerverhalten von erheblicher Bedeutung.

3.3 Sanierung von Bestandsgebäuden

Bei der Sanierung von Bestandsgebäuden sind die für Neubauten in Tabelle 8 aufgeführten Themenfelder und Lösungsansätze grundsätzlich ebenfalls relevant. Jedoch sind die Schwerpunkte andere. Außerdem treten im Zusammenhang mit der vorhandenen Bausubstanz zusätzliche Herausforderungen auf:

- Recycling und Wiederverwendung von Abbruchmaterialien
- Aufspüren von Schadstoffen im Gebäude und deren fachgerechte Entsorgung
- Einbeziehung der vorhandenen Bausubstanz in das energetische Konzept bzw. neue Nutzungszusammenhänge
- Nutzung von Erweiterungspotenzialen durch Aufstockung, Anbau oder höherwertige Nutzung

Bei der energetischen Sanierung von Bestandsgebäuden fällt zunächst eine Vielzahl von **Abbruchmaterialien** an. Dies betrifft schwerpunktmäßig Fassadenbauteile, Fenster und Außentüren, Dachabdichtungen und alte Dachdämmungen, Heizungsanlagen und Heizkörper. Häufig beschränken sich die Maßnahmen nicht auf die energetische Sanierung, sondern es werden bei der Gelegenheit auch der Innenausbau und die Sanitäranlagen bzw. Bäder erneuert mit entsprechender Erhöhung der Abfallmengen. Im Sinne der Nachhaltigkeit ist hier Wert auf einen geordneten Rückbau mit Trennung der Materialien zu legen und idealerweise dabei die Möglichkeit von Wiederverwendung von Bauteilen zu prüfen.
Eine zusätzliche Schwierigkeit liegt darin, dass insbesondere in den Bauten der 1960er- bis 1980er-Jahre viele Baustoffe verwendet wurden, die heute als **Schadstoffe** gelten und deren Ausbau besondere Arbeitsschutzmaßnahmen sowie eine gesonderte Entsorgung erfordern. Als Beispiel seien Asbest, PCB, teerhaltige Materialien und alte Faserdämmstoffe genannt.
Die **Einbeziehung der vorhanden Bausubstanz** in das energetische Konzept ist vor allem eine planerische Aufgabe, ebenso der schonende Eingriff in die Bausubstanz bei Umnutzungen bzw. Veränderungen des Flächenlayouts. Auf diese Weise bleibt die in den Bauteilen vorhandene graue Energie erhalten.
Angesichts des Flächenverbrauchs für Bauland ist es unter Nachhaltigkeitsaspekten erstrebenswert, Erweiterungspotenziale im Bestand zu nutzen. Dies kann durch die Aufstockung von Dächern, den Anbau an den bestehenden Baukörper, aber auch die Aufwertung von Flächen durch eine höherwertigere Nutzung geschehen (z. B. Lagerraum zu Büro).

3.3.1 Praxisbeispiel Mehrfamilienhaus in Pforzheim

Das Mehrfamilienhaus mit 16 Wohnungen in der Güterstraße in Pforzheim ist ein typisches Objekt aus der Phase der 1950er- bis 1970er-Jahre, in denen ein Großteil des heutigen Wohngebäudebestandes in Deutschland errichtet wurde.* Der Erfolg der von der Regierung beabsichtigten Energiewende hängt maßgeblich davon ab, ob die energetische Sanierung dieser Objekte gelingt.

* Vgl. Detail 01/2016, S. 38–43; im vorliegenden Buch werden schwerpunktmäßig die Aspekte der Nachhaltigkeit des Objektes dargestellt.

Abb. 10: Mehrfamilienhaus Pforzheim, Ansicht vor der Sanierung
(Foto: Dietmar Strauß)

Abb. 11: Mehrfamilienhaus Pforzheim, Ansicht nach der Sanierung
(Foto: Dietmar Strauß)

ECKDATEN	
Adresse:	75177 Pforzheim, Güterstraße 30
Nutzung:	Wohnen, Verwaltung (nur EG)
Größe:	2.428 m² Wohn- und Nutzfläche
Baujahr/Sanierung:	1970/2015
Planer:	Freivogel Architekten, Pforzheim
A. Energiebedarf und -bedarfsdeckung	• Wärmepumpe mit Eisspeicher • Photovoltaikanlage auf dem Dach • Windkraftanlage auf dem Dach • Dezentrale Lüftungsanlagen mit Wärmerückgewinnung • Fassadensolarabsorber
B. Verwendete Materialien	• Fassadendämmung 28 cm Mineralwolle • Dreifach verglaste Holz-Aluminium-Fenster • Hinterlüftete Betontafelelemente mit integrierten Solarabsorbern auf der Südfassade
C. Recycling und C2C-Qualitäten	• Rückbau von Asbestzementfassade • Keine Verbundwerkstoffe
D. Standort	• Aufstockung um ein Staffelgeschoss • Nutzung der Freifläche für Eisspeicher

Tab. 11: Überblick Sanierungsobjekt Mehrfamilienhaus Pforzheim

Im Falle des Pforzheimer Objektes wurde der Energiebedarf durch Anbringung einer 28 cm starken Mineralfaserdämmung sowie den Einbau von dreifach verglasten Fenstern und dezentralen Lüftungsanlagen in den einzelnen Wohnungen minimiert.

Die Deckung des Energiebedarfs für die Heizung erfolgt über eine Wärmepumpe, die mit einem Eisspeicher gekoppelt ist. Die in die vorgesetzte neue Betonfassade integrierten Solarwärmeabsorber speisen ihre gewonnene Energie in den Eisspeicher oder direkt in die Wärmepumpe ein. Die vorhandenen Elektronachtspeichergeräte wurden durch Heiz- und Kühldecken ersetzt. Die Kühlfunktion erfolgt im Sommer über den Eisspeicher. Der Strombedarf für Beheizung und Hilfsstrom der Anlagen wird zu ca. 50 % über eine Photovoltaikanlage und eine Windkraftanlage auf dem Dach abgedeckt.

Da keine Verbundwerkstoffe wie Wärmedämmverbundsysteme Verwendung fanden, können die Bauelemente der Fassade sortenrein zurückgebaut werden.
Im Rahmen der energetischen Sanierung wurden die statischen Reserven der Konstruktion genutzt, um ein Staffelgeschoss mit zwei zusätzlichen Wohnungen zu errichten. Platzreserven des Grundstücks wurden für die Errichtung eines Eisspeichers genutzt.
Durch die Sanierung sank der Endenergiebedarf des Gebäudes von 160 kWh/(m^2a) um ca. 89 % auf ca. 14 kWh/(m^2a). Der CO_2-Ausstoß sank um 90 %.
Das Gebäude ist Gewinner des DGNB-Preises „Nachhaltiges Bauen" 2015.

3.3.2 Praxisbeispiel Schaudepot Essen

Bei diesem Praxisbeispiel handelt es sich um die Umnutzung eines ehemaligen Salzproduktionsgebäudes auf dem Gelände der Zeche Zollverein in Essen zu einem Schaudepot für das Ruhr Museum, das für Besuchergruppen offensteht.* Das Gebäude wurde 1959 von Fritz Schupp errichtet und steht unter Denkmalschutz.
Die sehr spezielle Nutzung als Schaudepot eines Museums spricht auf den ersten Blick nicht für eine breite Beispielwirkung. Hier ist aber einzuwenden, dass es sich genauso gut um kommerzielle Ausstellungs- und Verkaufsräume handeln könnte.
Das viergeschossige Gebäude hat eine Tragstruktur aus Stahlbetonstützen und Decken sowie eine Fassade aus rotem Klinkermauerwerk. Im Rahmen der Umnutzung erfolgte auch eine denkmalgerechte energetische Ertüchtigung, die aber nicht die Besonderheit des Objektes darstellt. Diese ist vielmehr im Umgang mit der vorhanden Bausubstanz zu sehen. Die vorhandenen Stahlbetonbauteile, die das Erscheinungsbild im Inneren prägen, wurden lediglich gereinigt. Die dadurch erzielte rohe Optik ist erwünscht und soll den Charakter der Wiederverwendung betonen. Eingriffe in die Bausubstanz erfolgten nur punktuell im Rahmen der Funktionalität. Ein neuer Aufzug wurde in einen vorhandenen Luftraum platziert.

* Vgl. Deutsche Bauzeitung 12 (2021), S. 72–77; im vorliegenden Buch werden schwerpunktmäßig die Aspekte der Nachhaltigkeit des Objektes dargestellt.

Abb. 12: Schaudepot Essen, Ansicht nach der Sanierung
(© Ruhr Museum, Foto: Brigida González)

Abb. 13: Schaudepot Essen, Innenansicht Luftraum mit rohen, gereinigten Betonbauteilen (© Ruhr Museum, Foto: Brigida González)

Abb. 14: Schaudepot Essen, Innenansicht mit Blick in einen Archivbereich (© Ruhr Museum, Foto: Brigida González)

ECKDATEN

Adresse:	45141 Essen, Heinrich-Imig-Straße
Nutzung:	Ausstellung, Archiv
Größe:	1.850 m² Nutzfläche
Baujahr/Sanierung:	1959/2021
Planer:	planinghaus Architekten, Darmstadt; südstudio, Stuttgart

A. Energiebedarf und -bedarfsdeckung	• Energetische Aspekte standen bedingt durch die Denkmaleigenschaft nicht im Vordergrund.
B. Verwendete Materialien	• Erneuerung Dachdämmung • Innendämmung (Mineralfaser) • Thermisch getrennte Stahlprofilfenster • In Teilbereichen mit originalen Gusseisensprossenfenstern Aufrüstung zu Kastenfenstern
C. Recycling und C2C-Qualitäten	• Rückbau von teerhaltigen Klebe- und Dichtmassen • Lediglich Reinigung der vorhandenen Betonoberflächen
D. Standort	• Ehemaliger Industriestandort

Tab. 12: Überblick Sanierungsobjekt Schaudepot Essen

Vorgefundene schadstoffhaltige Klebe- und Dichtmassen wurden entsorgt. Im vorliegenden Beispiel konnte trotz einer fundmentalen Umnutzung von einem Produktionsgebäude hin zu hochwertigen Ausstellungs- und Archivräumen die vorgefundene Bausubstanz und damit die darin gebundene graue Energie weitgehend erhalten werden. Ein vergleichbares Vorgehen wäre im Sinne der Nachhaltigkeit bei vielen Gewerbeobjekten, die mangels Denkmalschutzes meist abgerissen werden, sinnvoll. Dies verlangt aber vom Nutzer bzw. Bauherrn ein gewisses Maß an Kompromissbereitschaft bzw. die Bereitschaft, neue Wege zu akzeptieren.

3.4 Nachhaltigkeitszertifikate für Gebäude

Mehrere Organisationen haben es sich weltweit zur Aufgabe gemacht, durch Zertifizierung von Gebäuden eine Transparenz für Nutzer und Investoren hinsichtlich der Nachhaltigkeit von Gebäuden zu erreichen. Man spricht in diesem Zusammenhang auch von **Green Buildings**. Tabelle 13 zeigt die wichtigsten Systeme mit dem Jahr der Gründung und dem Herkunftsland.
Die einzelnen Systeme unterscheiden sich hinsichtlich der zugrundeliegenden Bewertungskriterien und deren Gewichtung im Rahmen der Zertifizierung.
Wegen der Bedeutung für Deutschland wird nachfolgend das System der **Deutsche Gesellschaft für Nachhaltiges Bauen (DGNB)**, einem 2007 gegründeten Non-Profit-Unternehmen, vorgestellt. Für den Bereich Neubau von Gebäuden gibt es die folgenden sieben Bewertungsfelder:

- Ökologische Qualität
- Ökonomische Qualität
- Soziokulturelle und funktionale Qualität
- Technische Qualität
- Prozessqualität
- Standortqualität

Name	Land	Gründung
LEED (Leadership in Energy and Environmental Design)	USA	1998
BREEAM (Building Research Establishment Environmental Assessment Method)	UK	1990
HQE (Haute Qualité Environmentale)	Frankreich	1997
DGNB (Deutsche Gesellschaft für Nachhaltiges Bauen)	Deutschland	2007

Tab. 13: Zertifizierungssysteme für nachhaltiges Bauen

In Tabelle 14 werden zu den jeweiligen Bewertungsfeldern die Bewertungskriterien aufgeführt, um einen Eindruck vom Umfang der Prüfung zu geben.

Ökologische Qualität	
	Ökobilanz des Gebäudes
	Risiken für die lokale Umwelt
	Verantwortungsbewusste Ressourcengewinnung
	Trinkwasserbedarf und Abwasseraufkommen
	Flächeninanspruchnahme
	Biodiversität am Standort
Ökonomische Qualität	
	Gebäudebezogene Kosten im Lebenszyklus
	Flexibilität und Umnutzungsfähigkeit
	Marktfähigkeit

Fortsetzung

Soziokulturelle und funktionale Qualität	
	Thermischer Komfort
	Innenraumluftqualität
	Akustischer Komfort
	Visueller Komfort
	Einflussnahme des Nutzers
	Aufenthaltsqualitäten innen und außen
	Sicherheit
	Barrierefreiheit
Technische Qualität	
	Schallschutz
	Qualität der Gebäudehülle
	Einsatz und Integration von Gebäudetechnik
	Reinigungsfreundlichkeit des Baukörpers
	Rückbau- und Recyclingfähigkeit
	Immissionsschutz
	Mobilitätsinfrastruktur
Prozessqualität	
	Qualität der Projektvorbereitung
	Sicherung der Nachhaltigkeitsaspekte bei Ausschreibung und Vergabe
	Dokumentation für eine nachhaltige Bewirtschaftung
	Verfahren zur städtebaulichen und gestalterischen Konzeption
	Baustelle/Bauprozess
	Qualitätssicherung der Bauausführung
	Geordnete Inbetriebnahme
	Nutzerkommunikation
	Facility-Management-gerechte Planung
Standortqualität	
	Mikrostandort
	Ausstrahlung und Einfluss auf das Quartier
	Verkehrsanbindung
	Nähe zu nutzungsrelevanten Objekten und Einrichtungen

Tab. 14: Bewertungskriterien der DGNB für die Zertifizierung von Gebäuden (Neubauten)

Die Bewertungsfelder Ökologische Qualität und Technische Qualität befassen sich erwartungsgemäß mit den Themen der Energieeffizienz, dem schonenden Umgang mit Ressourcen und der Recyclingfähigkeit.
Das Thema Nachhaltigkeit bei Gebäuden ist aber viel weiter gefasst. Das Bewertungsfeld Ökonomische Qualität zeigt, dass Nachhaltigkeit auch in einer möglichst langen Nutzungsdauer eines Gebäudes liegt. Diese wird durch niedrige Gebäudekosten während der Nutzungsperiode, gute Anpassungsfähigkeit an veränderte Anforderungen und eine dauerhafte Vermietbarkeit bzw. Verkäuflichkeit bestimmt.
Die Kriterien der soziokulturellen und funktionalen Qualität gehen in eine ähnliche Richtung. Durch einen guten Komfort und hohe Qualität für die Nutzer ergibt sich Langlebigkeit und damit Nachhaltigkeit.
In Abhängigkeit vom Erfüllungsgrad in Bezug auf die Bewertungskriterien werden für Neubauten die DGNB-Zertifikate Platin, Gold und Silber vergeben, für Bestandsbauten und Gebäudebetrieb außerdem das Zertifikat Bronze.
Nach eigenen Angaben hat die DGNB knapp 6.000 Gebäude zertifiziert. Der Schwerpunkt liegt wegen der mit der Zertifizierung verbundenen Kosten auf größeren Gewerbeobjekten wie Bürogebäuden, Einkaufszentren und Hotels. Inzwischen wird die Zertifizierung aber auch für Wohngebäude angeboten.
Institutionelle Anleger wie z. B. offene Immobilienfonds sind besonders an zertifizierten Immobilien interessiert, da sie so ihr Image bei den Anlegern verbessern können. Die Bedeutung von Zertifizierungen für nachhaltiges Bauen wird im Rahmen der Klimaschutzdebatte weiter zunehmen.
Es wäre wünschenswert, einfachere Instrumente – analog zum Energieausweis – für die Einschätzung der Nachhaltigkeit von Gebäuden zu schaffen, die auch für die breite Masse der Gebäude in Deutschland anwendbar sind.

3.5 Qualitätssiegel Nachhaltiges Gebäude (QNG)

Im Rahmen der Bundesförderung für effiziente Gebäude (BEG) wurde im Juli 2021 das Qualitätssiegel ins Leben gerufen. Es dient als Qualitätsnachweis für die Förderung von Effizienzhäusern mit Nachhaltigkeitsklasse

(NH-Klasse) im Rahmen der BEG. Der Qualitätsnachweis erfolgt mit dem Qualitätssiegel Nachhaltiges Gebäude (QNG). Die Zertifizierung kennt zwei Stufen:

- QNG-Plus: überdurchschnittliche Qualität
- QNG-Premium: deutlich überdurchschnittliche Qualität

Voraussetzung für die Erlangung des Qualitätssiegels ist die Durchführung einer Nachhaltigkeitsbewertung auf der Grundlage eines bei der Deutschen Akkreditierungsstelle (DAkkS) registrierten Nachhaltigkeitsbewertungssystems sowie die Überprüfung der erreichten Qualitäten durch eine akkreditierte Zertifizierungsstelle. Aktuell sind nur Qualitätssiegel für die folgenden Anwendungsfälle erhältlich:

- Neubau von Wohngebäuden mit bis zu fünf Wohneinheiten,
- Neubau von Wohngebäude jeder Größe,
- Neubau Büro- und Verwaltungsgebäude,
- Komplettmodernisierung Büro- und Verwaltungsgebäude,
- Neubau Unterrichtsgebäude,
- Komplettmodernisierung Unterrichtsgebäude

Eine der akkreditierten Zertifizierungsstellen ist die DGNB, deren Bewertungssystem im Kapitel 3.4 näher vorgestellt wurde.
Das QNG baut auf bereits vorhandene Zertifizierungssystem für nachhaltiges Bauen und definiert über deren Prüfungsumfang weitere Kriterien, die von besonderem öffentlichem Interesse sind und die als besondere Anforderungen bezeichnet werden. Die Tabelle 15 führt die Themenbereiche der Grundanforderungen und der besonderen Anforderungen des QNG auf.
Die besonderen Anforderungen beziehen sich unter anderem auf die Umweltwirkungen eines Gebäudes während des gesamten Lebenszyklus sowie der Materialgewinnung. Eine erhebliche Herausforderung stellt dabei die Datengrundlage für entsprechende Nachhaltigkeitsberechnungen dar.
Zur Unterstützung wurde vom Bundesinstitut für Bau-, Stadt- und Raumforschung (BBSR) die Datenbank **ÖKOBAUDAT** initiiert (www.oekobaudat.de), die auf Basis von Indikatoren die klima- und umweltrelevanten

Auswirkungen von Baustoffen und Bauprodukten zur Verfügung stellen. Es handelt sich um eine Open-Source-Software, sodass die Daten in alle Tools zu Ökobilanzierung übernommen werden können. Ein kostenfrei verfügbares Tool ist die eLCA-Software, die ebenfalls vom BBSR zur Verfügung gestellt wird (www.bauteileditor.de).

Grundanforderungen an das Qualitätssiegel Nachhaltiges Gebäude (QNG)
Komfort und Funktionalität
Ressourceninanspruchnahme und Umwelteinwirkungen
Effizienz, Kosten und langfristige Wertstabilität
Besondere Anforderungen an das Qualitätssiegel Nachhaltiges Gebäude (QNG)
Treibhausgase und Primärenergie im Lebenszyklus
Nachhaltige Materialgewinnung
Schadstoffvermeidung in Baumaterialien
Altengerechtes Wohnen

Tab. 15: Grundanforderungen und besondere Anforderungen an das Qualitätssiegel Nachhaltige Gebäude

3.6 Warum jetzt aktiv werden?

Einen Beitrag zum Klimaschutz zu leisten, ist allein schon ein Grund, die eigenen Immobilien unter Beachtung von Nachhaltigkeitsaspekten möglichst schon in naher Zukunft zu modernisieren. Es gibt aber auch handfeste wirtschaftliche Argumente dafür. Denn die Verzögerung hat die folgenden Risiken zur Folge:

1. Risiko nicht umlegbarer Betriebskosten
2. Risiko niedrigerer Mieten
3. Risiko des Auszugs von Mietern
4. Risiko der verweigerten Finanzierung
5. Risiko der Notwendigkeit forcierter Investitionen

Seit Januar 2021 wird in Deutschland eine CO_2-Abgabe, basierend auf dem Brennstoffemissionshandelsgesetz, erhoben, die von 25 €/t CO_2 schrittweise auf 55 €/t CO_2 erhöht wird. Danach sind weitere Erhöhungen zu erwarten. Die Steuer betrifft unter anderem Heizöl und Erdgas. Mussten bisher die Mieter die Abgabe allein zahlen, wird bei Mietwohnungen die Abgabe in Abhängigkeit vom CO_2-Ausstoss des Gebäudes zwischen Mietern und Vermietern aufgeteilt. Bei den Gebäuden in der besten Klasse müssen die Mieter die Abgabe weiterhin allein zahlen. Bei den Gebäuden der schlechtesten Klasse trägt der Vermieter 90 % der Abgabe. Bei gewerblich genutzten Objekten wird die CO_2-Abgabe zwischen Mietern und Vermietern hälftig geteilt. Eine umfassende energetische Sanierung verhindert also ganz konkret, dass die CO_2-Abgabe beim Vermieter unter der Rubrik der **nicht umlagefähigen Betriebskosten** hängen bleibt.

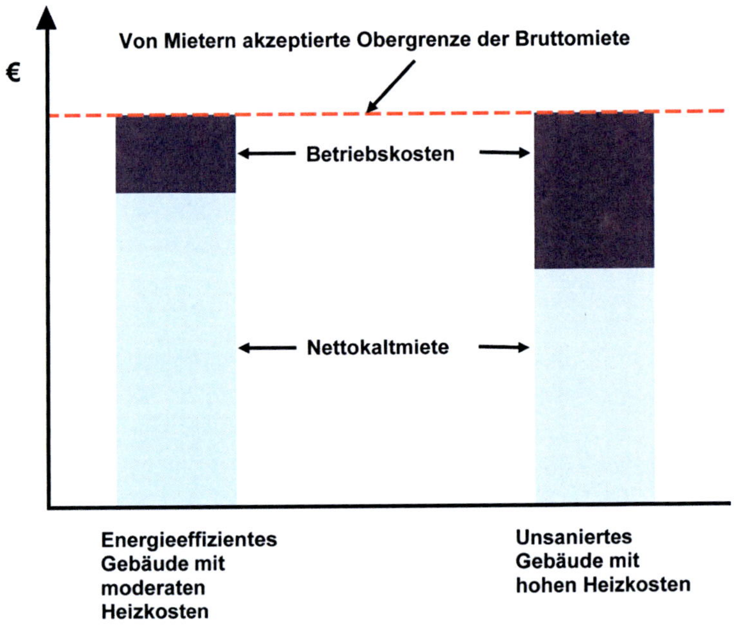

Abb. 15: Hohe Heizkosten führen bei unsanierten Gebäuden zu niedrigeren Nettokaltmieten, die den Ertrag der Vermieter darstellen (Darstellung: Dieter Eimermacher).

Die Aufteilung zwischen Mietern und Vermietern bezieht sich nur auf die neue CO_2-Abgabe. Die Heizkosten als solche verbleiben nach wie vor beim Mieter. Mit der Erhöhung der Preise für Heizöl und Erdgas durch den Ukrainekrieg kommt es zu einer drastischen Erhöhung der Heizkosten. Sowohl Wohnungsmieter als auch gewerbliche Mieter bemessen die Tragbarkeit bzw. Akzeptanz ihrer Miete anhand der Bruttomiete inklusive der Betriebskosten, zu denen die Heizkosten zu zählen sind. Ist der Anteil der Heizkosten an der Bruttomiete wegen des schlechten energetischen Zustands des Gebäudes im Vergleich zum Mietmarkt für vergleichbare Objekte hoch, wird der Vermieter auf lange Sicht eine geringere Nettokaltmiete akzeptieren müssen. Die negativen Auswirkungen hoher Heizkosten auf das Mietniveau sind in Abbildung 15 dargestellt. Das **niedrigere Mietniveau** wirkt sich direkt auf den **Cash Flow** des Vermieters, aber auch auf den Wert des Objektes aus, das als vermietete Immobilie auf Basis des Ertrages bemessen wird.

Für die individuelle Nachhaltigkeitsstrategie von Unternehmen spielen die energetischen Merkmale der von ihnen genutzten Immobilien eine wichtige Rolle. Dies trifft längst nicht nur auf Unternehmen zu, die gesetzlich zur Offenlegung von Informationen zur Nachhaltigkeit verpflichtet sind. Sei es aus ehrlichem Idealismus oder sei es aus Gründen der Imagepflege: Immer mehr Unternehmen erarbeiten eine Strategie hin zur Klimaneutralität. Dazu passt die Anmietung von Büroflächen in einem energetisch nicht modernisierten Gebäude aus dem Jahr 1980, das mit Erdgas beheizt wird, dann nicht mehr. Es muss mit dem **Auszug** des Mieters gerechnet werden, sobald er eine alternative Fläche in einem Nullemissionsgebäude gefunden hat. Damit ein Auszug von wichtigen Mietern wegen energetischen Defiziten des Gebäudes vermieden werden kann, ist den Vermietern zu empfehlen, die Gefahr frühzeitig abzuwenden und den Mietvertrag einvernehmlich in einen **Green Lease** umzuwandeln. Der Vermieter könnte sich darin beispielsweise zur energetischen Modernisierung verpflichten und der Mieter verpflichtet sich zur Duldung der Baumaßnahmen und zur Zahlung einer höheren Miete im Gegenzug zu der durch die Modernisierung verminderten Heizkosten.

Auch Kreditinstitute haben eine Nachhaltigkeitsstrategie. Und die läuft darauf hinaus, schrittweise nur noch nachhaltige Investitionen zu finanzieren. Energetisch nicht modernisierte Gebäude passen da nicht mehr in die

Strategie, da sie die Qualität des Kreditportfolios der Bank verschlechtern. Da bedeutet, dass möglicherweise **keine Finanzierung** mehr für das Objekt erhältlich ist (**Brown Asset**).

Damit die angestrebte Klimaneutralität in Deutschland bis 2045 erreicht werden kann, werden zukünftig mit Sicherheit auch verpflichtende Maßnahmen zur energetischen Modernisierung im Gebäudebestand vom Gesetzgeber vorgeschrieben. Der Erfolg der Maßnahmen wird fortlaufend überprüft. Sollte sich abzeichnen, dass die beschlossenen Maßnahmen nicht ausreichen, um die Klimaneutralität zu erreichen, wird es wahrscheinlich zu Verschärfungen der Anforderungen kommen. Wer an seinem Gebäude nur die allernotwendigsten Maßnahmen umgesetzt hat, die zudem nicht in eine Gesamtstrategie für das Gebäude eingebettet waren, steht dann möglicherweise vor dem Problem, so **erhebliche Investitionen** in **kurzer Zeit** vornehmen zu müssen, dass die Wirtschaftlichkeit der Maßnahmen nicht mehr gegeben ist (**Stranded Asset**).

Eine Initiative aus der Privatwirtschaft und der Forschung hat unter Förderung der EU zur Abschätzung der Risiken unterdurchschnittlicher Energieeffizienz den **Carbon Risk Real Estate Monitor** (CRREM) initiiert (www.crrem.eu). Unter Berücksichtigung der Klimaziele des Pariser Abkommens sowie der gesetzlichen Vorgaben in Bezug auf den Klimaschutz kann mithilfe eine Berechnungstools abgeschätzt werden, wann ein Gebäude zum *stranded asset* wird, sofern keine entsprechenden energetischen Modernisierungen vorgenommen werden.

Die Bandbreite der erläuterten Risiken macht deutlich, dass es ratsam ist, für die eigenen Gebäude eine Nachhaltigkeitsstrategie aufzustellen. In Kapitel 4 erhalten Sie dazu die nötigen Anregungen und Arbeitshilfen.

Die Quintessenz – fassen wir doch noch einmal zusammen

Die Verringerung des Energiebedarfs für Heizung, Warmwasser und Strom bei Neu- und Bestandsgebäuden sowie die Deckung durch idealerweise regenerative Energieträger beherrscht im Allgemeinen die Diskussion zur Nachhaltigkeit. So wichtig diese Punkte auch sind: Wenn Sie ein echter Nachhaltigkeitsprofi im Zusammenhang mit Immobilien sein wollen, sollten Sie nicht nur den Energiebedarf in der Betriebsphase eines Gebäudes in Ihre Überlegungen einbeziehen. Die vorgelagerten (Materialgewinnung/Transport) und nachgelagerten (Abbruch/Entsorgung) Prozesse haben erheblichen Einfluss auf die Nachhaltigkeit.

Durch den sorglosen Abriss und die Entsorgung (Deponie) von Gebäuden geht die in der Bausubstanz gebundene graue Energie verloren. Die Erhaltung bestehender Bausubstanz statt Abbruch und Neubau und die Wiederverwendung von gebrauchten Baumaterialien (C2C) tragen mehr zum Klimaschutz bei als noch so dicke Wärmedämmschichten.

Beim Neubau sollte der Rückbau gleich mitgeplant und durch gut trennbare Konstruktionen und wiederverwendbare Materialen unterstützt werden.

Es können für jedes Bauvorhaben dort individuell Schwerpunkte im Zusammenhang mit dem Nachhaltigkeitsgedanken gebildet werden, wo es für Sie persönlich wichtig ist.

Wer seine Gebäude nicht im Sinne der Nachhaltigkeit modernisiert, setzt sich erheblichen wirtschaftlichen Risiken aus, die von nicht umlegbaren Betriebskosten über den Auszug von Mietern bis hin zum Verlust der Finanzierbarkeit reichen.

4 Was tun? – Arbeitshilfen für die Zukunftsfähigkeit Ihrer Immobilien

Inhaltsübersicht

Dieses Kapitel bietet praktische Hilfen für die Beachtung von Nachhaltigkeitsaspekten bei eigenen Bauvorhaben. Für die beiden Anwendungsfälle Sanierung von Bestandsgebäuden und Neubauten wird jeweils ein eigenes Formblatt bereitgestellt, das die Themenvielfalt der Nachhaltigkeit strukturiert und dem Anwender einen roten Faden zur Konzeption des eigenen Vorhabens bietet.

In Kapitel 3 wurden anhand von konkreten Beispielen verschiedene Ansätze für die Umsetzung von Nachhaltigkeitsaspekten beim Neubau und bei der Sanierung von Bestandsgebäuden in der Praxis vorgestellt. Diese Beispiele veranschaulichen das weite Spektrum des Nachhaltigkeitsgedankens. Da geht schnell die Übersicht verloren und mit Blick auf das eigene Neubauvorhaben oder den eigenen Immobilienbestand stellt sich die Frage, wie vorzugehen ist, auf was zu achten ist und auf welche Aspekte ein Schwerpunkt gelegt werden sollte.
Nicht nur die Neuerrichtung eines Gebäudes, sondern auch die umfassende Modernisierung von Bestandsgebäuden unter Nachhaltigkeitsgesichtspunkten ist als **Projekt** zu verstehen, das aus mehreren Phasen besteht und bei dem in Abhängigkeit vom konkreten Umfang der Maßnahme verschiedene Fachleute hinzuzuziehen sind.

A. Bestandsaufnahme Ist-Zustand
B. Definition Soll-Zustand
C. Planungsphase
D. Ausführungsphase

Die Abbildung 16 zeigt den Ablaufplan der vier Phasen für die Transformation eines unsanierten oder nur teilsanierten Gebäudes hin zu einem nachhaltigen Gebäude.
Den Anfang macht die **Bestandsaufnahme**. Dabei werden die vorhandenen Merkmale des Gebäudes im Hinblick auf die energetischen Eigenschaften und die Nachhaltigkeit im Sinne einer Inventur festgehalten.

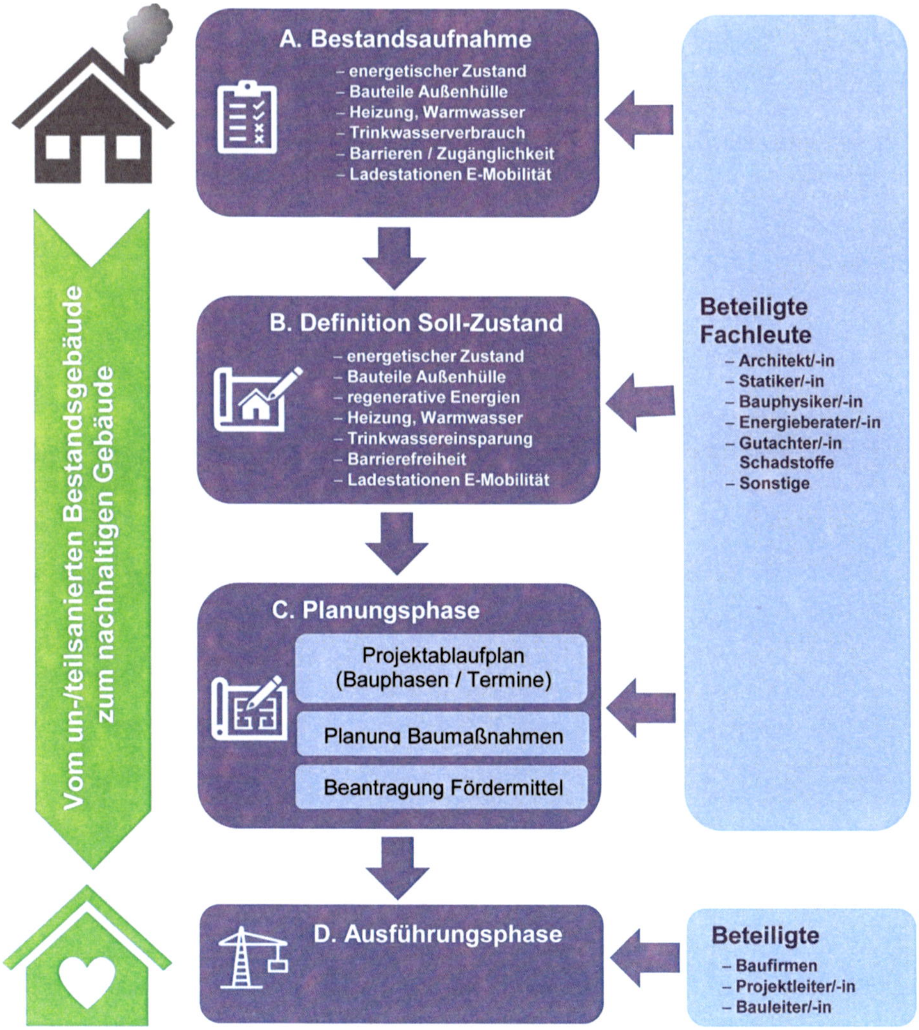

Abb. 16: Ablaufplan vom un-/teilsanierten Bestandsgebäude zum nachhaltigen Gebäude (Darstellung: Dieter Eimermacher)

Bei einem Neubauprojekt beschränkt sich die Bestandsaufnahme naturgemäß auf die grundstücksbezogenen Merkmale wie das Vorhandensein von Altlasten.
Die Bestandsaufnahme bildet die Ausgangsbasis für die **Definition** des **Soll-Zustandes**, den das Gebäude nach Abschluss der Maßnahmen aufweisen soll.
Für die beiden Phasen Bestandsaufnahme (Ist-Zustand) und Definition des Soll-Zustandes wird nachfolgend in Kapitel 4.1 ein Formblatt als Arbeitshilfe für die Sanierung von **Bestandsgebäuden** vorgestellt, das derart aufgebaut ist, dass dem Ist-Zustand direkt der gewünschte Soll-Zustand gegenübergestellt wird.
Ein weiteres Formblatt dient als Arbeitshilfe für die Definition des **Soll-Zustandes** für **Neubauvorhaben** (Kap. 4.2).
Es wurde bei der Erstellung der Formblätter Wert darauf gelegt, dass sie jeweils nicht mehr als **zwei Seiten** umfassen, damit die Übersichtlichkeit gewahrt bleibt. Wegen der Beschränkung des Umfangs können mit den Formblättern nicht alle Einzelheiten abgebildet werden; es wäre ein Leichtes gewesen, diese bis auf zehn Seiten auszudehnen. Es geht aber nicht um Vollständigkeit, sondern um die praktische Arbeit und erste Orientierung. Die Formblätter sind also eher als Sprungbrett denn als abschließende Fassung zu verstehen und ermöglichen zum Beispiel den Einstieg in die Diskussion mit den Planern. Es ist dem Anwender zu empfehlen, ausgehend von den Formblättern, ein ausführlicheres **individuelles Konzept** für den eigenen Anwendungsfall zu erstellen.
Nachdem die Zieldefinition abgeschlossen wurde, folgen die **Planungsphase** und die **Ausführungsphase**. Diese sind nicht Gegenstand dieses Buches.

4.1 Beispiel Arbeitshilfe Nachhaltigkeit bei Bestandsgebäuden

Als Beispiel für Bestandgebäude wurde ein Mehrfamilienhaus aus dem Baujahr 1965 gewählt, das stellvertretend für eine erhebliche Anzahl von

ähnlichen Gebäuden im Gebäudebestand von Deutschland steht (siehe Abb. 17).
Für die Umsetzung des Nachhaltigkeitsgedankens werden im Beispiel die folgenden Aspekte zusammengefasst und in Blöcken aufgegriffen:

Block 1	Energieausweis und energetische Kennwerte
Block 2	Energetische Sanierung (Reduzierung Energiebedarf für Heizung und Warmwasser)
Block 3	Heizung, Warmwasser, Lüftung, Kühlung
Block 4	Wasser, Begrünung
Block 5	Barrierefreiheit
Block 6	Elektromobilität
Block 7	Beseitigung Schadstoffe /Altlasten

Einführend werden die in **Block 1** genannten Kennwerte des aktuellen **Energieausweises** den angestrebten Kennwerten nach der energetischen Sanierung gegenübergestellt. Die aktuelle Energieeffizienzklasse „G" liegt fast am unteren Ende der Spanne und soll nach Abschluss der energetischen Sanierung auf „B" verbessert werden.
Block 2 des Formblatts befasst sich mit der **Gebäudeaußenhülle** und stellt für die drei Hauptbauteile Außenwände, Dach und Fenster/Außentüren die aktuelle Konstruktion der jeweils gewünschten Variante gegenüber. Die Angabe des durchschnittlichen Wärmedurchgangskoeffizienten (U-Wert) soll eine Vorstellung vom Verbesserungspotenzial liefern, ist aber nicht unbedingt erforderlich. Der U-Wert an dieser Stelle kann von einem Architekten oder einem Energieberater überschlägig ausgerechnet werden. In der Datumspalte wird das geplante Datum der Durchführung angegeben. Im Beispielobjekt bestehen die Außenwände aus ungedämmtem Mauerwerk und sollen ein Wärmedämmverbundsystem erhalten. Das Dach ist ungedämmt. Hier soll eine Wärmedämmung auf dem Boden der obersten Geschossdecke aufgebracht werden. Die alten doppelt verglasten Fenster sollen durch dreifach verglaste

Fenster ersetzt werden, und bei dieser Gelegenheit werden auch die Rollladenkästen mit Wärmedämmung versehen.

Der Themenbereich C2C-Qualität wird beim Formblatt für Bestandsgebäude aus Platzgründen nicht behandelt, da er dort eine geringere Rolle spielt als bei den Neubauten. Sollte es für Ihr Vorhaben aber von Bedeutung sein, kann einfach das Formblatt für den Neubau für diesen Teilaspekt verwendet werden.

Bei der energetischen Sanierung spielt der Themenbereich **Heizung/Warmwassererzeugung/Lüftung** eine zentrale Rolle, der im **Block 3** behandelt wird. Wegen der gewünschten Vermeidung fossiler Energieträger sind dabei auch Konzepte zur Einbeziehung regenerativer Energieträger unumgänglich. Das Beispielobjekt verfügt über eine Ölzentralheizung mit zentraler Warmwasserbereitung und Wärmeverteilung über Heizkörper. Vom Grundsatz soll dieses Konzept beibehalten werden, jedoch wird auf den Energieträger Erdgas umgestellt. Angesichts der aktuell kritischeren Sicht auf den Energieträger Gas wäre den Eigentümern eine Prüfung der Alternative Strom zu empfehlen. Die Warmwasserbereitung soll mit einem Solarkollektor auf dem Dach unterstützt werden. Zur Reduzierung der Lüftungswärmeverluste sollen dezentrale Lüftungsgeräte eingebaut werden.

Der Verbrauch von **Wasser** und die **Begrünung** sind Thema von **Block 4**. Die Reduzierung des Wasserverbrauchs kann durch die Einsparung von Trinkwasser durch wassersparende Technik, die Verwendung von Grauwasser und das Sammeln von Regenwasser erfolgen. Die Begrünung des Grundstücks und des Gebäudes (Dach/Fassade) tragen zur Verbesserung des Mikroklimas bei. Zur Vermeidung von Wasserverschwendung ist dabei sinnvollerweise auf eine möglichst trockenheitsresistente Bepflanzung zu achten. Im Beispielobjekt wird auf den Einsatz von wassersparenden Armaturen gesetzt.

Die Verbesserung der **Barrierefreiheit** gewinnt mit der zunehmenden Alterung der Gesellschaft an Bedeutung. In **Block 5** werden entsprechende Maßnahmen aufgeführt. Im Beispielobjekt wird ein barrierefreier Gebäudezugang durch eine Rampe geplant.

Die **Elektromobilität** gewinnt zunehmend an Beliebtheit und soll in nicht allzu ferner Zukunft dominierend sein. Konzepte zur Förderung der Elektromobilität sollten daher für alle Immobilieneigentümer früher oder später mit auf der Agenda stehen. In **Block 6** werden die Infrastruktur und die Lademöglichkeiten für PKW und Fahrräder aufgeführt. Im Beispielobjekt soll zunächst nur die Infrastruktur, also die Möglichkeit zur Leitungsführung, vorgesehen werden, um eine spätere Ausstattung mit Ladestationen schnell vornehmen zu können.

Die **Beseitigung von Schadstoffen** im Gebäude, aber auch von **Altlasten** im Boden ist gerade bei Bestandsgebäuden eine häufige Aufgabe. Ab den 1950er-Jahren wurden damals viele neue Baustoffe wie z. B. Asbest sorglos in großem Umfang verwendet. Die Gesundheitsgefährdung, die von diesen Stoffen ausgeht, wurde erst später erkannt. Die Untersuchung auf Schadstoffe sollte im Rahmen einer Gebäudesanierung nicht fehlen. Der **Block 7** weist auf diesen Aufgabenbereich hin. Im Beispielobjekt wurden im Kellergeschoss asbesthaltige Bodenbeläge festgestellt, die fachgerecht ausgebaut und entsorgt werden sollen.

Abschließend bietet das Formblatt Raum für die **Eckdaten des Projektablaufs**. Darunter sind die zeitliche Abfolge der Arbeiten, die geschätzten Bau- und Baunebenkosten und die Projektbeteiligten zu verstehen. Im Rahmen der Kostenschätzung werden auch mögliche Förderwege dargestellt wie z. B. durch die Kreditanstalt für Wiederaufbau (KfW) oder das Bundesamt für Wirtschaft und Ausfuhrkontrolle (BAFA). Am Ende erfolgt die Einschätzung der Konformität mit den Vorgaben der EU-Taxonomie. Werden diese eingehalten, besteht Aussicht auf bessere Finanzierungskonditionen (Green Deal). Beim Beispielobjekt wird eine gesamtumfängliche Sanierung geplant, die aber nicht in einem Zuge, sondern in Abschnitten innerhalb von drei Jahren umgesetzt werden soll. Die Kosten aller Maßnahmen wurden auf 600.000 Euro geschätzt, zu denen noch 90.000 Euro Baunebenkosten für Planer und Sachverständige hinzuzurechnen sind. Es ist die Beantragung von Fördergeldern bei der KfW und dem BAFA beabsichtigt. Die konkrete Höhe ist in Zusammenarbeit mit dem Energieberater zu ermitteln. Als Projektbeteiligte Planer und Berater sind ein Architekt, ein Energieberater und ein Sachverständiger für Schadstoffe vorgesehen. Die Verringerung des Primärenergiebedarfs ist größer als 30 % und erfüllt damit die Vorgaben der EU-Taxonomie für Gebäudesanierungen.

Die Arbeitshilfen stehen Ihnen in Kapitel 8 als Leerexemplare zur Verfügung. Die Arbeitshilfen können Sie als Leser dieses Buches auch als PDF-Datei über den abgebildeten QR-Code abrufen. Das dort abgefragte Kennwort lautet **Nachhaltigkeit**.

Nachhaltigkeit Bestandsgebäude

Blatt 1

Bundesland	Hessen
PLZ, Ort	65213 Wiesbaden
Straße, Haus-Nr.	Nassauer Ring 79
Objektart	Mehrfamilienhaus
Baujahr	1965

1. Energieausweis	IST	SOLL	Datum
Energieeffizienzklasse (A+ bis H)	G	B	2025
Endenergiebedarf in kWh/(m²a)	200	60	
Primärenergiebedarf in kWh/(m²a)	230	65	
Treibhausgasemissionen in kg CO_2-Äquiv. /(m²a)	48	10	

2. Gebäudeaußenhülle	IST	SOLL	Datum
Außenwände			
U-Wert Außenwände (Durchschnitt) in W/(m²K)	0,6	0,2	2025
Mauerwerk (verputzt oder unverputzt)	☒	☐	
Holzständer- oder Fachwerkwände	☐	☐	
Wärmedämmverbundsystem	☐	☒	
Hinterlüftete, wärmegedämmte Fassade	☐	☐	
Andere: ____________	☐	☐	
Dach			
U-Wert Dach (Durchschnitt) in W/(m²K)	n.a.		2023
Geneigtes Dach ohne Wärmedämmung	☒		
Geneigtes Dach / Dachboden mit Wärmedämmung	☐	☒	
Flachdach ohne Wärmedämmung	☐		
Flachdach mit Wärmedämmung	☐	☐	
Fenster Außentüren			
U-Wert Fenster / Türen (Durchschnitt) in W/(m²K)	1,8	0,7	2024
Zweischeibenverglasung	☒	☐	
Dreischeibenverglasung	☐	☒	
Wärmedämmung Rollladenkästen	☐	☒	

3. Heizung / Warmwasser/ Lüftung / Kühlung	IST	SOLL	Datum
Heizung (Art)			2023
Zentralheizung	☒	☒	
Etagenheizung	☐	☐	
Einzelraumheizung	☐	☐	
Andere: ____________	☐	☐	
Heizung (Energieträger)			
Öl	☒		
Erdgas / Flüssiggas	☐	☒	
Holzpellets	☐	☐	
Strom	☐	☐	
Andere: ____________	☐	☐	
Heizung (Wärmeverteilung)			
Heizkörper	☒	☒	
Flächenheizung (Fußbodenheizung, Wandheizung)	☐	☐	
Warmluftkanäle	☐	☐	
Andere: ____________	☐	☐	
Warmwasser			2023
Zentrale Warmwasserbereitung	☒	☒	
Dezentrale Warmwasserbereitung	☐	☐	
Lüftung / Kühlung			
Zentrale Lüftungsanlage	☐	☐	
Dezentrale Lüftungsgeräte	☐	☒	
Wärmerückgewinnungsanlage	☐	☐	
Kühlungsfunktion	☐	☐	

Nachhaltigkeit Bestandsgebäude — Blatt 2

Fortsetzung Heizung / Warmwasser/ Lüftung / Kühlung

Erneuerbare Energien (Einsatz)			2023
Heizung	☐	☐	
Warmwasserbereitung	☐	☒	
Haushaltsstrom / Nutzstrom	☐	☐	
Erneuerbare Energien (Art)			
Photovoltaik	☐	☐	
Windkraft	☐	☐	
Solarkollektoren	☐	☒	
Geothermie	☐	☐	
Biogas	☐	☐	
Andere: ______________	☐	☐	

4. Wasser / Begrünung	IST	SOLL	Datum
Wasser			2023
Wassersparende Armaturen	☐	☒	
Grauwassernutzung (WC-Spülung, Grünflächen)	☐	☐	
Regenwasserzisterne	☐	☐	
Begrünung / Mikroklima			
Trockenheitsresistente Grünanlagen	☐	☐	
Dachbegrünung (Flachdach)	☐	☐	
Fassadenbegrünung	☐	☐	

5. Barrierefreiheit	IST	SOLL	Datum
Barrierefreier Gebäudezugang	☐	☒	
Barrierefreie Bäder / WC-Anlagen	☐	☐	
Personenaufzug (rollstuhlgerecht)	☐	☐	
Türbreiten (rollstuhlgerecht)	☐	☐	

6. Elektromobilität	IST	SOLL	Datum
Infrastruktur (Anschlussleistung, Kabeltrassen)	☐	☒	2023
Ladestationen PKW	☐	☐	
Ladestationen Fahrräder	☐	☐	

7. Beseitigung Schadstoffe / Altlasten	IST	SOLL	Datum
Altlasten im Boden	☐		
Schadstoffe im Gebäude (z.B. Asbest, PCB, Teer, alte Mineralfasern, Holzschutzmittel etc.)	☒		

Eckdaten Projektablauf

Umfang / Dauer
- ☒ Gesamtsanierung / -modernisierung
- ☐ Teilweise Sanierung / Modernisierung
- ☐ Umsetzung in einem Zug
- ☒ Schrittweise Umsetzung

Zeitraum: 2023 bis 2025

Kosten / Förderung

Baukosten: 600.000 € — Baunebenkosten: 90.000 €

Förderung
- ☒ BEG (KfW) — Höhe: ______________
- ☒ BAFA — Höhe: ______________
- ☐ Landesmittel — Höhe: ______________
- ☐ Andere: ______________ — Höhe: ______________

Beratung / Planung
- ☒ Architekt/-in
- ☐ Statiker/-in
- ☒ Energieberater/-in
- ☐ Bauphysiker/-in
- ☒ Sachverständige/r Schadstoffe
- ☐ Andere: ______________

EU-Taxonomie
- ☒ Verringerung Primärenergiebedarf um mind 30 %

Abb. 17: Arbeitshilfe Nachhaltigkeit bei Bestandsgebäuden (© Dieter Eimermacher)

4.2 Beispiel Arbeitshilfe Nachhaltigkeit bei Neubauvorhaben

Das Formblatt für den Neubau wird am Beispiel eines Mehrfamilienhauses vorgestellt (siehe Abb. 18).
Für die Umsetzung des Nachhaltigkeitsgedankens werden im Beispiel die folgenden Aspekte zusammengefasst in Blöcken aufgegriffen:

Block 1	Energetischer Standard
Block 2	Baustellenmanagement
Block 3	Anforderungen an Baumaterialien / Konstruktion
Block 4	C2C-Qualität
Block 5	Energieträger /erneuerbare Energien
Block 6	Wasser/Begrünung/Mikroklima
Block 7	Barrierefreiheit
Block 8	Elektromobilität
Block 9	Anpassung an den Klimawandel
Block 10	Altlasten /Altstandort

:

In **Block 1** wird die Wahl des **energetischen Standards** und der gewünschten **energetischen Kennwerte** vorgenommen. Der zu wählende Gebäudestandard kann über den Inhalt des Energieausweises hinausgehen und zum Beispiel mit dem **Nullenergiehaus** oder dem **Plusenergiehaus** anspruchsvollere Standards umfassen. Das Beispielobjekt soll dem Passivhausstandard entsprechen. Gebäude dieser Standardklasse weisen so umfassende passive Maßnahmen zur Vermeidung von Wärmeverlusten auf, dass keine klassische Heizung mehr erforderlich ist. In den Kategorien des Energieausweises fallen sie in die Effizienzklasse „A+".

Block 2 des Formblatts befasst sich mit dem **Baustellenmanagement**. Damit sind Maßnahmen gemeint, die dem Schutz der Umgebung der Baustelle vor Immissionen, dem Arbeitsschutz der Bauarbeiter und dem Abfallmanagement auf der Baustelle dienen. Beim Beispielobjekt soll ein Konzept zur Vermeidung von Staub und Lärm aufgestellt werden, mit dem die üblichen gesetzlichen Mindeststandards übertroffen werden.
Mit den Anforderungen an die **Baustoffe** und die **Konstruktion** befasst sich **Block 3**. Für ein Neubauvorhaben sollten im Sinne der Nachhaltigkeit möglichst Materialien verwendet werden, die CO_2-neutral sind oder wenigstens nur geringe Treibhausgasemissionen verursachen. Außerdem sollten sie sehr dauerhaft und leicht zu reparieren sein. Mit Blick auf die Nutzer sollten Baumaterialien die Innenraumluft nicht durch Ausgasungen belasten und auch für Allergiker verträglich sein. Die Aufenthaltsqualität wird durch die Beachtung von erhöhten Anforderungen an den Schallschutz sowohl gegenüber Lärm von außen als auch innerhalb des Gebäudes verbessert. Beim Beispielobjekt sollen die beiden letzten Punkte umgesetzt werden.
Im Zusammenhang mit dem Thema Baumaterialien und Konstruktion ist auch die **C2C-Qualität** zu sehen, die in **Block 4** behandelt wird. Dabei gibt es zwei Sichtweisen: zum einen die Wiederverwendung von Bauteilen aus Abbruchobjekten und zum anderen die Berücksichtigung der Trennbarkeit der verwendeten Baumaterialien für den Zeitpunkt des Rückbaus des neu zu errichtenden Gebäudes. Beim Beispielobjekt sollen einzelne Bauteile wiederverwendet werden und die spätere Trennbarkeit der verwendeten Baumaterialien für eine zukünftige Wiederverwendbarkeit Beachtung finden.
Das Thema der **Beheizung** ist bei Neubauten weniger problematisch als bei der Sanierung von Bestandsgebäuden, da in der Regel die Gebäudeaußenhülle energetisch so hochwertig ist, dass die benötigte Heizenergie vergleichsweise gering ist. In **Block 5** wird die Auswahl des **Energieträgers** sowie die Einbeziehung **regenerativer Energien** und anderer zur Energieeinsparung geeigneter Techniken vorgenommen. Beim Beispielobjekt soll der Energieträger für Beheizung und Warmwassererzeugung Strom sein. Ein Solarkollektor soll die Warmwassererzeugung unterstützen und eine Photovoltaikanlage zur Stromerzeugung beitragen. Das Gebäude erhält eine Lüftungsanlage mit Wärmerückgewinnung, über die auch die Beheizung der Räume erfolgt. Es wird auf besonders effiziente Geräte geachtet, und nicht

zuletzt soll durch eine Einweisung der Nutzer in die Technik die richtige Anwendung und damit die Erzielung des geplanten energetischen Standards sichergestellt werden.

Der Bereich **Wasser / Begrünung / Mikroklima** ist in **Block 6** dargestellt. Die Anforderungen unterscheiden sich bei Neubauten nicht grundsätzlich von Sanierungsvorhaben. Beim Beispielobjekt soll neben wassersparenden Armaturen eine Regenwasserzisterne zum Einsatz kommen. Die Bepflanzung der Außenanlagen wird mit Pflanzen erfolgen, die gut mit Trockenphasen umgehen können. Da das Gebäude ein Flachdach erhalten soll, wird dieses als Gründach ausgeführt. Bei den befestigten Außenflächen wird auf die Versickerungsfähigkeit geachtet.

Die Umsetzung der **Barrierefreiheit** ist bei Neubauten naturgemäß einfacher als bei Bestandsgebäuden, da bei der Planung schon darauf geachtet werden kann. In **Block 7** sind mögliche Bausteine aufgeführt. Beim Beispielobjekt ist eine umfassende Barrierefreiheit aller Wohnungen geplant, was neben dem barrierefreien Gebäudezugang einen Personenaufzug und barrierefreie Bäder erfordert.

Die Maßnahmen im Zusammenhang mit der **Elektromobilität**, die in **Block 8** beschrieben sind, unterscheiden sich nicht von denen bei Bestandsgebäuden. Beim Beispielobjekt sollen Ladestationen für Elektroautos berücksichtigt werden.

In **Block 9** wird auf am Standort möglicherweise erforderliche Maßnahmen im Zusammenhang mit der **Anpassung an den Klimawandel** hingewiesen. Darunter sind Maßnahmen zum Hochwasserschutz und zum Schutz bei Starkregenereignissen zu verstehen. Beim Beispielobjekt sind keine entsprechenden Maßnahmen erforderlich.

Mit dem Thema möglicher **Altlasten** auf dem Grundstück befasst sich **Block 10**. Beim Beispielobjekt sind keine Altlasten bekannt und es besteht auch kein Altlastenverdacht.

Abschließend bietet auch dieses Formblatt Raum für die **Eckdaten des Projektablaufs**. Beim Beispielobjekt soll der Planungs- und Realisierungszeitraum 15 Monate betragen. Die Kosten wurden auf 1,7 Mio. Euro geschätzt, zu denen noch 260.000 Euro Baunebenkosten für Planer und Sachverständige hinzukommen. Es ist die Beantragung von Fördergeldern bei der KfW beabsichtigt. Die konkrete Höhe ist in Zusammenarbeit mit dem

Energieberater zu ermitteln. Bei Neubauten ist die Zahl der beteiligten Planer und Berater im Regelfall größer als bei der Sanierung von Bestandsobjekten. Als projektbeteiligte Planer und Berater sind ein Architekt, ein Energieberater, ein Bauphysiker, ein Haustechnikplaner und ein Statiker vorgesehen. Das Gebäude wird den Niedrigstenergiehausstandard erfüllen und hält damit die Vorgaben der EU-Taxonomie für Neubauten ein.
Die Arbeitshilfen stehen Ihnen in Kapitel 8 als Leerexemplare zur Verfügung. Die Arbeitshilfen können Sie als Leser dieses Buches auch als PDF-Datei über den abgebildeten QR-Code abrufen. Das dort abgefragte Kennwort lautet **Nachhaltigkeit**.

Nachhaltigheit Neubau

Blatt 1

Bundesland	Bayern	**Objektart**	Mehrfamileinhaus
PLZ, Ort	80132 München	**Wohn-/Nutzfläche**	720 m²
Straße, Haus-Nr.	Söderweg 12		

1. Energetischer Standard

Gebäudestandard

- [ ] Plusenergiehaus
- [x] Passivhaus
- [ ] Nullenergiehaus
- [ ] Niedrigstenergiehaus

Energiekennwerte

Energieeffizienzklasse: A+

Endenergiebedarf: 10 kWh/(m²a)

Primärenergiebedarf: 10 kWh/(m²a)

Treibhausgasemissionen: 0 kg CO_2-Äquivalent /(m²a)

2. Baustellenmanagement

- [x] Konzept Verringerung Lärm- und Staubbelastung
- [ ] Konzept zur Sicherstellung erhöhter Standards des Arbeitsschutzes
- [ ] Konzept zur Vermeidung von Bauabfällen
- [ ] Recycling von Baumaterialien vor Ort (z. B. aus vorheriger Bebauung)

3. Anforderungen Baumaterialien / Konstruktion

- [ ] Verstärkte Verwendung von CO_2-neutralen Materialien (z. B. Holz, Lehm, Stroh)
- [ ] Erhöhte Anforderungen an Dauerhaftigkeit / Wartungsfreiheit / Reparaturfähigkeit
- [x] Erhöhte Anforderungen an Inneraumhygiene (keine Ausgasungen / Wohngesundheit)
- [x] Erhöhte Anforderungen an Schallschutz

4. C2C-Qualität

- [ ] Einbeziehung bestehender Bausubstanz / Verzicht auf Abbruch
- [x] Wiederverwendung von Bauteilen (aus Vorgängerbau oder von anderen Gebäuden)
- [ ] Recycling von Baumaterialien vor Ort (z. B. aus vorheriger Bebauung)
- [x] Bei neuen Materialien wird auf Trennbarkeit und Wiederverwendbarkeit geachtet.
- [ ] Digitaler Gebäudepass zur Dokumentation der verwendeten Bauteile

5. Energieträger / Erneuerbare Energien

Hauptenergieträger

- [x] Strom
- [ ] Erdgas
- [ ] Holzpellets
- [ ] Andere: ____________

Einsatzfeld erneuerbarer Energien

- [x] Beheizung
- [ ] Kühlung
- [x] Warmwasser
- [ ] Andere: ____________

Art der eingesetzten erneuerbaren Energien

- [x] Photovoltaik
- [ ] Geothermie
- [ ] Windkraft
- [ ] Biogas
- [x] Solarkollektoren
- [ ] Andere: ____________

Sonstige Maßnahmen zur Energieeinsparung

- [ ] Bauteilaktivierung
- [x] Einweisung der Nutzer in Technik
- [x] Lüftungsanlage mit Wärmerückgewinnung
- [x] Energieeffiziente Haustechnik
- [ ] Erdreichwärmetauscher
- [ ] Andere: ____________

Nachhaltigheit Neubau — **Blatt 2**

6. Wasser / Begrünung / Mikroklima

Wasser

- [x] Wassersparende Armaturen
- [ ] Grauwassernutzung (WC-Spülung, Grünfl.)
- [x] Regenwasserzisterne
- [ ] Andere: ______

Begrünung / Mikroklima

- [x] Trockenheitsresistente Grünanlagen
- [ ] Erhaltung vorhandener Pflanzen
- [x] Dachbegrünung (Flachdach)
- [x] Vermeidung Versiegelung
- [ ] Fassadenbegrünung
- [ ] Andere: ______

7. Barrierefreiheit

- [x] Barrierefreier Gebäudezugang
- [x] Personenaufzug (rollstuhlgerecht)
- [x] Barrierefreie Bäder / WC-Anlagen
- [x] Türbreiten (rollstuhlgerecht)
- [ ] Sonstiges ______

8. Elektromobilität

- [ ] Kabeltrassen als Vorbereitung
- [ ] Ladestationen Fahrräder
- [x] Ladestationen PKW
- [ ] Sonstiges ______

9. Anpassung an den Klimawandel

- [ ] Maßnahmen Starkregenschutz: ______
- [ ] Maßnahmen Hochwasserschutz: ______

10. Altlasten / Altstandort

- [ ] Das Grundstück ist ein Altstandort im Sinne des Bundesbodenschutzgesetzes.
- [ ] Das Grundstück weist Altlasten im Sinne des Bundesbodenschutzgesetzes auf.

Eckdaten Projektablauf

Dauer / Termine

Planung	Beginn: 09-2022	Ende: 02-2023
Bauausführung	Beginn: 02-2023	Ende: 01-2024

Kosten / Förderung

Baukosten: 1.700.000 € Baunebenkosten: 260.000 €

Förderung

- [x] BEG (KfW) Höhe: ______
- [ ] BAFA Höhe: ______
- [ ] Landesmittel Höhe: ______
- [ ] Andere: ______ Höhe: ______

Beratung / Planung

- [x] Architekt/-in
- [x] Statiker/-in
- [x] Energieberater/-in
- [x] Bauphysiker/-in
- [ ] Sachverständige/r Schadstoffe
- [x] Andere: Haustechnikplaner______

EU-Taxonomie

- [x] Erfüllung Niedrigstenergiehausstandard

Abb. 18: Arbeitshilfe Nachhaltigkeit bei Neubauten (© Dieter Eimermacher)

5 Politische Rahmenbedingungen für Klimaschutz und Nachhaltigkeit

Inhaltsübersicht

Dieses Kapitel widmet sich der Entstehung der Klimaschutzvorschriften, beginnend mit der internationalen Ebene der Vereinten Nationen und der Europäischen Union, und schließlich der konkreten Gesetzgebung auf nationaler Ebene. Dabei werden die Wechselwirkungen und Querverbindungen zwischen den einzelnen Organisationen und Stake Holder erläutert.
Außerdem werden in diesem Kapitel die Ziele der nachhaltigen Entwicklung (**Sustainable Development Goals**) vorgestellt

5.1 Vereinte Nationen (UN)

Mit der Erkenntnis, dass der ungebremste Ressourcenverbrauch der Menschheit die zukünftige Leistungsfähigkeit der Naturhaushalte dauerhaft schädigen und damit das Überleben der Menschheit infrage stellen wird, hielt das Thema Nachhaltigkeit Einzug in die neuere Politik. Als wichtiger Meilenstein ist dabei der Abschlussbericht der von den Vereinten Nationen eingesetzten Kommission für Umwelt und Entwicklung unter dem Vorsitz von Gro Harlem Brundtland im Jahr 1987 zu nennen, der sich für eine umweltschonende Entwicklungspolitik ausspricht.

5.1.1 UN-Konferenz über Umwelt und Entwicklung in Rio 1992

Unter den zahlreichen UN-Konferenzen stechen einige besonders heraus und entfalten ihre Wirkung bis in die Gegenwart. Die UN-Konferenz in Rio de Janeiro im Jahr 1992, die auch als „Erdgipfel“ bezeichnet wird, zählt ohne Zweifel dazu. Nach dem Zusammenbruch der Sowjetunion und dem Fall des Eisernen Vorhangs herrschte Aufbruchstimmung. Es war die Hoffnung gegeben, die Probleme der Menschheit sachorientiert anzugehen und zu lösen.
Wesentliche Ergebnisse der UN-Konferenz von Rio waren:

- Rio-Erklärung über Umwelt und Entwicklung
- Agenda 21

- Klimarahmenkonvention
- Biodiversitätskonvention

Die **Rio-Erklärung über Umwelt und Entwicklung** ist ein nur wenige Seiten starkes Papier, das 27 Grundsätze formuliert. Hervorzuheben ist der Grundsatz 4 mit dem Kernsatz, dass eine nachhaltige Entwicklung und Umweltschutz untrennbar zusammengehören; Umweltschutz muss ein untrennbarer Bestandteil der Entwicklung sein.
Die **Agenda 21**, die sich mit dem Thema der nachhaltigen Entwicklung befasst, ist wesentlich detaillierter. Sie umfasst über 300 Seiten und ist in vier Teile gegliedert:

Teil 1: Soziale und wirtschaftliche Dimensionen
Teil 2: Erhaltung und Bewirtschaftung von Ressourcen für die Entwicklung
Teil 3: Stärkung der Rolle wichtiger Gruppen
Teil 4: Mittel zur Umsetzung

Ein wichtiger Aspekt der **Agenda 21** ist die Einbeziehung der lokalen Ebene frei nach dem Motto *„think global, act local"*. In Teil 3 richtet sich die Agenda daher auch konkret an die Kommunen und fordert sie auf, eigene lokale Agenden aufzustellen. Diese sollen im Dialog mit dem Bürger erarbeitet werden. Die Einbeziehung der Basis in Form von über 2.000 beteiligten Nichtregierungsorganisationen (NGO) ist ein Merkmal der Rio-Konferenz.
Die Agenda 21 wurde im Jahr 2015 durch die **Agenda 2030** ersetzt, auf die später noch näher eingegangen wird.
Die **Klimarahmenkonvention** bildet die Keimzelle der aktuellen Klimaschutzaktivitäten. Es wurden damals noch sehr vage Vereinbarungen getroffen. Konkrete Zielwerte für den CO_2-Ausstoß oder Temperaturziele sucht man hier vergeblich. Als Ziel wird in Artikel 2 die **Stabilisierung der Treibhausgaskonzentration** in der Atmosphäre auf ein Niveau definiert, auf dem eine gefährliche anthropogene Störung des Klimasystems verhindert wird.
Im Rahmen der Konvention wurde die Einrichtung einer **Konferenz** der *Vertragsparteien* eingesetzt, die in regelmäßigen Abständen die Umsetzung überprüfen und über das Ergebnis berichten soll. Die Durchführung der

Konferenzen wurde einem speziell zu diesem Zweck gegründeten Sekretariat, dem UN-Klimasekretariat, übergeben. Das UN-Klimasekretariat hat seinen Sitz in Bonn. Die Konferenzen werden mit der Abkürzung COP (für *Conference of the Parties*) und einer laufenden Nummer bezeichnet. Die letzte Konferenz in Glasgow trägt die Bezeichnung COP-26, ist also die 26. Konferenz.
Die Konvention wurde von nur 35 Staaten und der Europäischen Union unterzeichnet. Es handelt sich dabei im Wesentlichen um die westlichen Industrienationen sowie die Staaten des ehemaligen Ostblocks einschließlich Russlands und der europäischen Nachfolgestaaten der Sowjetunion.

5.1.2 UN-Klimakonferenz von Kyoto 1997 (COP-3)

Die UN-Klimakonferenz in Kyoto war die dritte Konferenz (COP-3). Ihr gingen die Konferenzen in Berlin 1995 (COP-1) und in Genf 1996 (COP-2) voraus.
Ein Hauptanliegen der Konferenz von Kyoto war es, den Weg zu **verbindlichen Reduktionszielen** für Treibhausgase zu bereiten. Die Klimarahmenkonvention von Rio sah keine konkreten Zahlen dafür vor. Das dort formulierte Ziel, die Stabilisierung der Treibhausgaskonzentration in der Atmosphäre auf einem Niveau zu erreichen, auf dem eine gefährliche anthropogene Störung des Klimasystems verhindert wird, hatte mehr den Charakter einer Absichtserklärung.
Um die Reduktionsziele wurde ein langes Ringen geführt. Schließlich einigte man sich auf eine Reduktion der Treibhausgasemissionen innerhalb des Zeitraums 2008 bis 2012 (Verpflichtungsperiode) um in Summe 5,2 % gegenüber dem Niveau von 1990. Erstmals wurden dabei für die beteiligten Industriestaaten **konkrete Ziele** vorgegeben. Diese reichen von einer Reduktion um 27 % für Luxemburg bis zu einer zulässigen Erhöhung der Emissionen um 27 % für Portugal. Die Schwellen- und Entwicklungsländer wurden von jeglichen Verpflichtungen ausgenommen. Die getroffenen Vereinbarungen wurden im **Kyoto-Protokoll** niedergeschrieben.
Zur Erreichung der vereinbarten Reduktionsziele wurde die Möglichkeit des **Emissionsrechtehandels** geschaffen. Dabei können Staaten, die ihre Ziele übererfüllt haben, Emissionsrechte an Staaten verkaufen, die ihre Ziele ansonsten verfehlen würden. Außerdem wurde die Möglichkeit geschaffen,

die Durchführung von Maßnahmen zur Treibhausgasreduktion in anderen Staaten auf die eigenen Reduktionsziele anrechnen zu lassen.
Eine schwere Hypothek für den Kyoto-Prozess war die Tatsache, dass die USA das Protokoll erst gar nicht ratifizierte und Kanada im Jahr 2011 austrat.
Das Ziel einer Reduzierung der Treibhausgase im Zeitraum von 2008 bis 2012 um insgesamt 5,2 % gegenüber 1990 wurde deutlich übererfüllt. Die Reduktion betrug über 24 %. Dabei wirkte sich der Zusammenbruch vieler großer Industriebetriebe im Bereich des ehemaligen Ostblocks erheblich auf das Ergebnis aus.
Auf den UN-Klimakonferenzen in Durham (COP-17) und Doha (COP-18) wurde eine zweite Verpflichtungsperiode von 2013 bis 2020 vereinbart. Das neue Reduktionsziel lag bei 18 % gegenüber dem Stand von 1990. Für den Zeitraum nach dem Jahr **2020** sollte eine **neue Klimarahmenkonvention** maßgeblich sein.

5.1.3 UN-Klimakonferenz von Paris 2015 (COP-21)

Auf der Klimakonferenz in Paris wurde das **Übereinkommen von Paris** (Paris Agreement) verabschiedet. Dieses Übereinkommen löste das Kyoto-Protokoll ab und ist für den Zeitraum nach 2020 maßgeblich. Es bezieht sich auf das Rahmenübereinkommen der UN von 1992. Gemäß dem zentralen Artikel 2 des Übereinkommens wird eine Verbesserung der Umsetzung des Rahmenabkommens angestrebt, indem

a. der Anstieg der durchschnittlichen Erdtemperatur deutlich unter 2° C über dem vorindustriellen Niveau gehalten wird und Anstrengungen unternommen werden, um den Temperaturanstieg auf 1,5° C über dem vorindustriellen Niveau zu begrenzen, da erkannt wurde, dass dies die Risiken und Auswirkungen der Klimaänderungen erheblich verringern würde;
b. die Fähigkeit zur Anpassung an die nachteiligen Auswirkungen der Klimaänderungen erhöht und die Widerstandsfähigkeit gegenüber Klimaänderungen sowie eine hinsichtlich der Treibhausgase emissionsarme Entwicklung so gefördert wird, dass die Nahrungsmittelerzeugung nicht bedroht wird;

c. die Finanzmittelflüsse in Einklang gebracht werden mit einem Weg hin zu einer hinsichtlich der Treibhausgase emissionsarmen und gegenüber Klimaänderungen widerstandsfähigen Entwicklung.

Im Übereinkommen von Paris werden in Bezug auf die **Reduzierung von Treibhausgasen**, anders als im Kyoto-Protokoll, keine konkreten Vorgaben gemacht, die von den einzelnen Ländern bis zu einem bestimmten Zeitpunkt zu erreichen sind. Stattdessen wird nun ein gemeinschaftlich zu erreichendes Ziel im Hinblick auf den Anstieg der Erdtemperatur gemacht. Diese soll gemäß Artikel 2 a) auf einen Wert von deutlich **unter 2° C** begrenzt werden, idealerweise auf **1,5° C**. Referenzzeitpunkt ist dabei das **vorindustrielle Niveau**, während im Kyoto-Protokoll noch das Jahr 1990 als Referenzzeitpunkt diente.
Die Unterzeichnerländer verpflichten sich in Artikel 3 des Abkommens, national festgelegte Beiträge zu unternehmen und an die Vereinten Nationen zu übermitteln. Anders als beim Kyoto-Protokoll, das sich allein auf die entwickelten Industrienationen bezog, sind am Übereinkommen von Paris auch die **Schwellen- und Entwicklungsländer** beteiligt. Ihnen wurde jedoch gemäß Artikel 4 des Übereinkommens ein längerer Zeitraum für das Erreichen des Scheitelpunktes der Emissionen von Treibhausgasen zugestanden.
Das Übereinkommen von Paris erkennt in Artikel 2 b) an, dass es schon zu Klimaveränderungen gekommen ist und ein wichtiges Ziel darin, die Folgen abzumildern, indem Anpassungen an die nachteiligen Auswirkungen der Klimaveränderungen und die Widerstandsfähigkeit gegenüber Klimaveränderungen gefördert werden. Die Nahrungsmittelproduktion soll darunter aber nicht leiden.
Ein weiterer Fokus wird auf die **Finanzmittelflüsse** gerichtet. Auch diese sollen in Einklang mit der angestrebten Reduktion der Treibhausgase und der gegenüber Klimaveränderungen widerstandsfähigen Entwicklung gebracht werden.

5.1.4 UN-Klimakonferenz in Glasgow 2021 (COP-26)

Die vorerst letzte Klimakonferenz sollte bereits im Jahr 2020 stattfinden. Wegen der Coronapandemie wurde sie in den Herbst 2021 verschoben.

„Wir haben das 1,5°-C-Ziel am Leben erhalten, aber sein Puls ist schwach." Dieses Zitat von Alok Sharma, dem Präsidenten der Klimakonferenz, bringt das Ergebnis der Konferenz auf den Punkt.
Auf der Klimakonferenz wurden von Teilen der knapp 200 Teilnehmerländer freiwillige Verpflichtungen auf verschiedenen Feldern übernommen, die als **Glasgow Climate Pact** bezeichnet werden:

- Mitigation
- Adaption
- Finance
- Collaboration

Unter den Punkt **Mitigation** (Verminderung) fällt die Verpflichtung von 153 Staaten auf ein **Net-Zero-Emissionsziel**. Die konkreten Schritte dahin bleiben jedoch offen und sollen im Jahr 2022 festgelegt werden. Weitere abgegebene Absichtserklärungen betreffen:

- die Verringerung (Phase-Down) der Energiegewinnung aus Kohle (65 Staaten),
- Beendigung der Entwaldung bis 2030 (137 Staaten),
- Verringerung der Methanemissionen um 30 % bis 2030 (100 Staaten),
- Nullemissionen bei Neuwagen ab 2040 weltweit und ab 2035 in den Hauptmärkten (35 Staaten)

Unter dem Punkt **Adaption** (Anpassung) sind Maßnahmen zur Anpassung an den Klimawandel zu verstehen. Die entwickelten Länder haben sich zur finanziellen Unterstützung weniger entwickelter Länder bei der Anpassung an die Klimaveränderungen verpflichtet.
Da die weniger entwickelten Länder im Regelfall finanziell nicht in der Lage sind, z. B. ihre Energiegewinnung auf regenerative Energiequellen umzustellen, wurde unter dem Punkt **Finance** (Finanzierung) die Verpflichtung für die entwickelten Länder aufgenommen, im Zeitraum von 2021 bis 2025 rund 500 Mrd. USD für diese Zwecke aufzubringen.

Mit dem Thema **Collaboration** (Zusammenarbeit) wird die Förderung der Zusammenarbeit zwischen den Staaten und Organisationen sowie Personengruppen, die nicht Teilnehmer der Konferenz sind, angesprochen.

5.1.5 Ziele für nachhaltige Entwicklung

Die Notwendigkeit der Verbindung von Umweltschutz und Entwicklung durch nachhaltiges Handeln wurde bereits im Rahmen der UN-Konferenz von Rio formuliert und fand in der Agenda 21 ihren Ausdruck.

1. Keine Armut (No Poverty)
2. Kein Hunger (Zero Hunger)
3. Gesundheit und Wohlergehen (Good Health and Well-Being)
4. Hochwertige Bildung (Quality Education)
5. Geschlechtergleichheit (Gender Equality)
6. Sauberes Wasser und Sanitäreinrichtungen (Clean Water and Sanitation)
7. Bezahlbare und saubere Energie (Affordable and clean Energy)
8. Menschenwürdige Arbeit und Wirtschaftswachstum (Decent Work and Economic Growth)
9. Industrie, Innovation und In-frastruktur (Industry, Innovation and Infrastructure)
10. Weniger Ungleichheiten (Reduced Inequalities)
11. Nachhaltige Städte und Gemeinden (Sustainable Cities and Communities)
12. Nachhaltige/r Konsum und Produktion (Responsible Consumption and Production)
13. Maßnahmen zum Klimaschutz (Climate Action)
14. Leben unter Wasser (Life below Water)
15. Leben an Land (Life on Land)
16. Frieden, Gerechtigkeit und starke Institutionen (Peace, Justice, Strong Institutions)
17. Partnerschaften zur Erreichung der Ziele (Partnerships for the Goals)

Abb. 19: 17 Ziele der Vereinten Nationen für nachhaltige Entwicklung

Im Jahr 2015 wurde die „Agenda 2030 für nachhaltige Entwicklung" von der Generalversammlung der Vereinten Nationen aufgestellt. Sie enthält Ziele für die nachhaltige Entwicklung für insgesamt 17 Bereiche (**SDG**), die in Abbildung 19 dargestellt sind.

Jedes dieser Ziele wird durch Unterziele präzisiert. Abbildung 21 zeigt beispielhaft das SDG-Ziel 11 (Nachhaltige Städte und Gemeinden) mit den dazugehörigen Unterzielen. Wie bei den Initiativen der Vereinten Nationen üblich, beruht die Umsetzung durch die einzelnen Staaten auf Freiwilligkeit, und es gehört nicht viel Fantasie zu der Vorstellung, dass viele Staaten nicht aktiv an der Verbesserung ihrer Lage im Sinne der SDGs arbeiten werden.

Als außerordentlich gelungen darf man die Idee bewerten, für jedes SDG ein eigenes Icon zu entwerfen. Damit werden Sichtbarkeit und Präsenz erzeugt. Die Icons der **17 Ziele** fallen nun öfter im Stadtbild auf. Abbildung 20 zeigt die Icons am Treppenhaus der KfW-Bank in Frankfurt.

Abb. 20: Icons der Sustainable Development Goals am Treppenhaus der KfW-Bank in Frankfurt am Main (Foto: Birgit Eimermacher)

Nachhaltige Städte und Gemeinden

Ziel 11	
Städte und Gemeinden inklusiv, sicher, widerstandsfähig und nachhaltig gestalten	
11.1	Bis 2030 den Zugang zu angemessenem, sicherem und bezahlbarem Wohnraum und zur Grundversorgung für alle sicherstellen und Slums sanieren.
11.2	Bis 2030 den Zugang zu sicheren, bezahlbaren, zugänglichen und nachhaltigen Verkehrssystemen für alle ermöglichen und die Sicherheit im Straßenverkehr verbessern, insbesondere durch den Ausbau des öffentlichen Verkehrs, mit besonderem Augenmerk auf den Bedürfnissen von Menschen in prekären Situationen, Frauen, Kindern, Menschen mit Behinderungen und älteren Menschen.
11.3	Bis 2030 die Verstädterung inklusiver und nachhaltiger gestalten und die Kapazitäten für eine partizipatorische, integrierte und nachhaltige Siedlungsplanung und -steuerung in allen Ländern verstärken.
11.4	Die Anstrengungen zum Schutz und zur Wahrung des Weltkultur- und Naturerbes verstärken.
11.5	Bis 2030 die Zahl der durch Katastrophen, einschließlich Wasserkatastrophen bedingten Todesfälle und der davon betroffenen Menschen deutlich reduzieren und die dadurch verursachten unmittelbaren wirtschaftlichen Verluste im Verhältnis zum globalen Bruttoinlandsprodukt wesentlich verringern, mit Schwerpunkt auf dem Schutz der Armen und von Menschen in prekären Situationen.
11.6	Bis 2030 die von den Städten ausgehende Umweltbelastung pro Kopf senken, unter anderem mit besonderer Aufmerksamkeit auf der Luftqualität und der kommunalen und sonstigen Abfallbehandlung.
11.7	Bis 2030 den allgemeinen Zugang zu sicheren, inklusiven und zugänglichen Grünflächen und öffentlichen Räumen gewährleisten, insbesondere für Frauen und Kinder, ältere Menschen und Menschen mit Behinderungen.
11.a	Durch eine verstärkte nationale und regionale Entwicklungsplanung positive wirtschaftliche, soziale und ökologische Verbindungen zwischen städtischen, stadtnahen und ländlichen Gebieten unterstützen.
11.b	Bis 2020 die Zahl der Städte und Siedlungen, die integrierte Politiken und Pläne zur Förderung der Inklusion, der Ressourceneffizienz, der Abschwächung des Klimawandels, der Klimaanpassung und der Widerstandsfähigkeit gegenüber Katastrophen beschließen und umsetzen, wesentlich erhöhen und gemäß dem Sendai-Rahmen für Katastrophenvorsorge 2015 bis 2030 ein ganzheitliches Katastrophenrisikomanagement auf allen Ebenen entwickeln und umsetzen.
11.c	Die am wenigsten entwickelten Länder unter anderem durch finanzielle und technische Hilfe beim Bau nachhaltiger und widerstandsfähiger Gebäude unter Nutzung einheimischer Materialien unterstützen.

Abb. 21: SDG-Ziel 11 (Nachhaltige Städte und Gemeinden) mit Unterzielen

Von der **Bundesregierung** wurden seit 2002 in regelmäßigen Abständen Nachhaltigkeitsstrategien aufgestellt. Nach der Verabschiedung der Agenda 2030 wurde die nationale Nachhaltigkeitsstrategie vollständig überarbeitet und orientiert sich an den 17 Zielen für nachhaltige Entwicklung der Agenda 2030. Aktuell ist die **Nachhaltigkeitsstrategie 2021** gültig (siehe Abb. 22). Es handelt sich um ein Werk mit knapp 400 Seiten Umfang. Darin werden aus den global formulierten Zielen der Agenda 2030 spezifische Ziele für Deutschland abgeleitet und Indikatoren für die Überprüfung der Zielerreichung definiert.

Abb. 22: Deutsche Nachhaltigkeitsstrategie 2021

Abb. 23: Indikatorenbericht des Statistischen Bundesamtes zu den Zielen für nachhaltige Entwicklung in Deutschland

Das Statistische Bundesamt erstellt jährlich einen **Indikatorenbericht** (siehe Abb. 23), in dem die aktuelle Situation den gesetzten Zielen für die einzelnen Indikatoren gegenübergestellt werden. Die Zahlen fließen außerdem in die Berechnung globaler Indikatoren ein.
Ein wichtiger Aspekt der SDGs ist die Einbeziehung der lokalen Ebene, die schon bei der Agenda 21 wichtig war. So sind auf Basis der SDGs zahlreiche Initiativen

der Kommunen in Deutschland entstanden. Dies wird von der Bundesregierung unterstützt. Eine Arbeitsgruppe aus mehreren staatlichen und öffentlichen Stellen (Deutscher Städtetag, Bundesinstitut für Bau-, Stadt- und Raumforschung u.a.) und der Bertelsmann Stiftung hat, ausgehend von den 17 Zielen der Agenda 2030, lokale Indikatoren für die nachhaltige Entwicklung abgeleitet, die Basis für Initiativen auf kommunaler Ebene sein sollen.

Die Bertelsmann Stiftung betreibt außerdem die Plattform **SDG-Portal** (www.sdg-portal.de), auf der die Zielerreichung im Hinblick auf die lokalen Indikatoren für alle Städte und Gemeinden abgerufen werden können. Abbildung 24 zeigt beispielhaft das Deckblatt des SDG-Indikatorenberichts des SDG-Portals für Frankfurt am Main.

Abb. 24: Indikatorenbericht des SDG-Portals der Bertelsmann Stiftung für Frankfurt am Main

5.2 Europäische Union (EU)

Neben ihren einzelnen Mitgliedsstaaten war auch die Europäische Union als Organisation Teilnehmer der UN-Konferenz von Rio 1992 und Unterzeichner

der Klimarahmenkonvention von Rio. Sie nahm auch an allen Folgekonferenzen teil und unterzeichnete das Klimaübereinkommen von Paris.
Die UN-Klimaschutzpolitik nimmt in ihren Regelungen stets Bezug auf die auf Ebene der Vereinten Nationen getroffenen Vereinbarungen. Zur Sicherstellung der im Kyoto-Protokoll übernommen Verpflichtungen wurden von der EU im Jahr 2000 und im Jahr 2005 zwei Programme zum Klimaschutz aufgelegt (**European Climate Change Programme – ECCP**). Ein wesentlicher Aspekt war die Einführung des EU-Emissionshandelssystems.
Ein nächster Schritt war das **Klima- und Energiepaket von 2007**, das im Rahmen einer Reihe von Gesetzen die folgenden Vorgaben für das Jahr 2020 formuliert hat:

- Reduzierung der Treibhausgasemissionen um 20 % gegenüber dem Stand von 1990,
- 20 % der Energie aus erneuerbaren Quellen,
- Verbesserung der Energieeffizienz um 20 %

Die EU hat sich seit 1992 im Laufe der Zeit schrittweise von einer Beobachter- und Moderatorenrolle in den wichtigsten Akteur bei der Gestaltung der Klimapolitik für ihre Mitgliedsstaaten gewandelt. Man kann ohne Übertreibung behaupten, dass die EU global betrachtet die stärkste Lokomotive in Sachen Klimaschutz ist.
In den nachfolgenden Kapiteln werden die wichtigsten Regelungen auf EU-Ebene der letzten Jahre vorgestellt.

5.2.1 EU-Klimaschutzverordnung

Im Mai 2018 haben der Rat der Europäischen Union und das Europäische Parlament die **EU-Klimaschutzverordnung** erlassen (Verordnung zur Festlegung verbindlicher nationaler Jahresziele für die Reduzierung der Treibhausgasemissionen im Zeitraum 2021 bis 2030 als Beitrag zu Klimaschutzmaßnahmen zwecks Erfüllung der Verpflichtungen aus dem Übereinkommen von Paris).
Das Ziel der Verordnung ist die Reduzierung der Treibhausgasemissionen bis 2030 um 30 % gegenüber dem Stand von 2005 auf Ebene der EU. Für

jeden einzelnen Mitgliedsstaat wurden individuelle Vorgaben gemacht. Für Deutschland beträgt das Minderungsziel 38 %.
Die EU-Klimaschutzverordnung erlaubt die Anrechnung von **Emissionsminderungen** aus dem Bereich Landnutzung und Forstwirtschaft (LULUCF) bei Überschreiten des Reduktionsziels auf nationaler Ebene. Die anrechenbare Höchstmenge ist für jeden einzelnen Mitgliedsstaat limitiert. Für Deutschland beträgt das Limit 22,3 Mio. Tonnen CO_2-Äquivalent.
Die Reduktionsziele der EU-Klimaschutzverordnung erwiesen sich schnell als überholt. Von den Staats- und Regierungschefs der EU-Mitgliedsstaaten wurde die Notwendigkeit von ambitionierteren Zielen erkannt und verfolgt, die in das EU-Klimaschutzgesetz vom 30. Juni 2021 und den European Green Deal mündeten.

5.2.2 EU-Klimaschutzgesetz

Am 30. Juni 2021 haben der Rat der Europäischen Union und das Europäische Parlament die Verordnung zur Schaffung des Rahmens für die Verwirklichung der Klimaneutralität erlassen, die auch als **Europäisches Klimaschutzgesetz** bezeichnet wird.
Darin ist das Ziel der **Klimaneutralität bis** zum Jahr **2050** festgelegt worden. Die Klimaneutralität versteht sich als Saldo der Treibhausgasemissionen und deren Abbau (**Net Zero**). Nach 2050 strebt die Union saldiert negative Emissionen an.
Als **Zwischenziel** wird für das Jahr **2030** eine Reduzierung der Treibhausgasemissionen um **55 %** gegenüber dem Stand von **1990** festgelegt. Auch dieser Wert versteht sich als Saldo aus Emission und Abbau von Treibhausgasen.
Die Formulierung eines Zwischenziels für das Jahr 2040 wurde in die Verordnung aufgenommen. Diese wird nach der zweiten weltweiten Bestandsaufnahme gemäß Klimarahmenkonvention von Paris erfolgen.

5.2.3 European Green Deal

In Form einer Mitteilung der Europäischen Kommission an das Europäische Parlament, den Rat der Europäischen Union und andere Institutionen

erblickte der European Green Deal am 11. Dezember 2019 das Licht der Welt. Er wird massiven Einfluss auf das Leben aller Europäer haben und kann in seiner Bedeutung kaum überschätzt werden.
Der European Green Deal ist als Antwort der EU auf die klima- und umweltbedingten Herausforderungen zu verstehen und wird in der Einführung der Kommissionsmitteilung wie folgt auf den Punkt gebracht: „Es handelt sich um eine neue Wachstumsstrategie, mit der die EU zu einer fairen und wohlhabenden Gesellschaft mit einer modernen, ressourceneffizienten und wettbewerbsfähigen Wirtschaft werden soll, in der im Jahr 2050 keine Netto-Treibhausgasemissionen mehr freigesetzt werden und das Wirtschaftswachstum von der Ressourcennutzung abgekoppelt ist."
Kernelement ist ein Wirtschaftswachstum, das keine Netto-Treibhausgasemissionen mehr verursacht. Dieses Ziel wird auch mit dem Schlagwort **Net Zero** bezeichnet. Treibhausgasemissionen sind im Rahmen von Net Zero möglich, müssen aber an anderer Stelle kompensiert werden, damit unter dem Strich die „Null" steht. Dieses Ziel soll 2050 erreicht sein. Europa soll demzufolge als erster Kontinent klimaneutral werden.

Abb. 25: Elemente des European Green Deal gemäß Mitteilung der Kommission (Quelle: Mitteilung der Europäischen Kommission vom 11. Dezember 2019)

Der European Green Deal ist außerdem als integraler Bestandteil der Strategie der Europäischen Kommission zur Umsetzung der **Agenda 2030** der Vereinten Nationen zu verstehen. An dieser Stelle zeigt sich, wie die Ziele der verschiedenen Institutionen ineinandergreifen.

Die Mitteilung der Kommission enthält nach eigenen Worten einen ersten Fahrplan für die wichtigsten Strategien und Maßnahmen zur Verwirklichung des European Green Deal. Abbildung 25 gibt das Diagramm mit der Darstellung der Bestandteile des European Green Deal wieder.

Für insgesamt acht Themengebiete werden im Kommissionspapier jeweils eine Reihe von Maßnahmen aufgeführt, die die Umgestaltung der EU-Wirtschaft für eine nachhaltige Zukunft sicherstellen sollen. Tabelle 16 führt die den acht Themengebieten zugeordneten Maßnahmen stichpunktartig auf.

Themengebiete	**Maßnahmen**
Ambitionierte Klimaschutzziele der EU für 2030 und 2050	• Klimaneutralität bis 2050 • Reduktion der Treibhausgase bis 2030 um mindestens 50 %; angestrebt wird eine Reduktion um 55 % • Europäisches Klimagesetz • CO_2-Bepreisung in der gesamten Wirtschaft • CO_2-Grenzausgleichsystem zur Vermeidung der Verlagerung von Emissionen ins Ausland • EU-Strategie zur Anpassung an den Klimawandel
Versorgung mit sauberer, erschwinglicher und sicherer Energie	• Dekarbonisierung des Energiesystems durch erneuerbare Energiequellen • rascher Ausstieg aus Kohle und Dekarbonisierung von Gas • Vorlage von überarbeiteten Energie- und Klimaplänen der Mitgliedsstaaten • Eindämmung des Risikos der Energiearmut armer Haushalte • Programme zur Finanzierung der Renovierung von Wohnhäusern • Intelligente Infrastruktur (z. B. Strom- und Wasserstoffnetze)

Fortsetzung

Mobilisierung der Industrie für eine saubere und kreislauforientierte Wirtschaft	• EU-Industriestrategie und Aktionsplan für Kreislaufwirtschaft • Schwerpunkt der Maßnahmen auf ressourcenintensiven Sektoren • Förderung langlebiger Produkte und Prüfung des Rechtes auf Reparatur für Verbraucher • Verlässliche, vergleichbare und überprüfbare Informationen für Verbraucher zur Vermeidung von „Greenwashing" • Verringerung der Abfallmenge • Sicherung des Zugangs zu Ressourcen von strategischer Bedeutung • Nutzung digitaler Technologien zur Verwirklichung des Green Deals
Energie- und ressourcenschonendes Bauen und Renovieren	• Verdoppelung der jährlichen Renovierungsquote von Gebäuden • Beachtung der Erschwinglichkeit für private Haushalte • Durchsetzung der Rechtsvorschriften zur Gesamtenergieeffizienz von Gebäuden • Überarbeitung der Bauprodukteverordnung im Hinblick auf die Erfordernisse der Kreislaufwirtschaft, des Klimaschutzes und der Digitalisierung • Neue Initiative zu Renovierungen unter Einbeziehung von innovativen Finanzierungssystemen im Rahmen von InvestEU
Raschere Umstellung auf eine nachhaltige und intelligente Mobilität	• Senkung der verkehrsbedingten Emissionen um 90 % bis 2050 • Verlagerung von 75 % des Güterbinnenverkehrs von der Straße auf die Schiene und auf Wasserstraßen • Abschaffung von Subventionen für fossile Brennstoffe; Prüfung der Steuerfreiheit von Luft- und Seeverkehrskraftstoffen • 1 Million öffentliche Ladestationen bis 2025 • Verringerung der Emissionen vor allem in Städten durch Verbesserungen des öffentlichen Nahverkehrs • Regulierung des Zugangs umweltschädlicher Schiffe zu EU-Häfen

Fortsetzung

„Vom Hof auf den Tisch": Entwicklung eines fairen, gesunden und umweltfreundlichen Lebensmittelsystems	• Europäische Lebensmittel sollen zum weltweiten Standard für Nachhaltigkeit werden. • Mit der Strategie „Vom Hof auf den Tisch" soll eine breit angelegte Debatte mit Interessenträgern angestoßen werden. • Einsatz von Pestiziden, Düngemitteln und Antibiotika soll deutlich verringert werden. • Es sollen ein nachhaltiger Lebensmittelverbrauch sowie erschwingliche und gesunde Lebensmittel für alle gefördert werden.
Ökosysteme und Biodiversität erhalten und wiederherstellen	• Biodiversitätsstrategie der EU-Kommission • Festlegung spezifischer Maßnahmen zur Erreichung der Zielvorgaben • Erhaltung und Wiederherstellung des europäischen Naturkapitals • Verbesserung der Waldgebiete hinsichtlich Qualität und Fläche • EU-Forststrategie zur Aufforstung • Nachhaltige Bewirtschaftung der Meere („nachhaltige blaue Wirtschaft")
Null-Schadstoff-Ziel für eine schadstofffreie Umwelt	• Null-Schadstoff-Aktionsplan der EU-Kommission für Luft, Wasser und Boden • Wiederherstellung der natürlichen Funktionen von Grundwasser und Oberflächengewässern • Bewertung der geltenden Rechtsvorschriften zur Luftqualität und gegebenenfalls Verschärfung • Überprüfung der EU-Maßnahmen zur Bekämpfung der Verschmutzung durch große Industrieanlagen • Nachhaltigkeitsstrategie für Chemikalien der EU-Kommission

Tab. 16: Acht Themengebiete zur Umgestaltung der EU-Wirtschaft für eine nachhaltige Zukunft

Für das Themengebiet **Bauen und Renovieren** vermerkt das Kommissionspapier, dass auf den Gebäudesektor aktuell 40 % des Energieverbrauchs entfallen und dort außerdem erhebliche Mengen mineralischer Ressourcen (z. B. Sand, Kies, Zement) verbraucht werden. Dem will man durch die drastische **Senkung des Energieverbrauchs** sowie der Förderung der

Kreislaufwirtschaft entgegenwirken. Die Senkung des Energieverbrauchs soll durch die Erhöhung der Renovierungsquote (mindestens Verdoppelung) und das konsequente Umsetzen der Rechtsvorschriften zur Gesamtenergieeffizienz von Gebäuden erreicht werden. Die Erfordernisse der Kreislaufwirtschaft sollen durch die Überarbeitung der Bauprodukteverordnung berücksichtigt werden.

Die Kommission ist sich der Herausforderungen von Energieeffizienz einerseits und Erschwinglichkeit andererseits bewusst und verweist darauf, dass 50 Millionen Verbraucher Schwierigkeiten haben, ihre Wohnungen ausreichend zu heizen.

Die geplante Initiative zu Renovierungen soll über eine **offene Plattform** die Beteiligten aus dem Gebäude- und Bausektor zusammenbringen, um Hindernisse für Renovierungen zu beseitigen. Diese Initiative soll außerdem durch **innovative Finanzierungssysteme** im Rahmen von InvestEU unterstützt werden. Das InvestEU-Programm umfasst unter anderem den InvestEU-Fonds, der zur Absicherung privater und öffentlicher Investitionen EU-Haushaltsgarantien bereitstellt.

Neben der Benennung von Maßnahmen zur Umgestaltung der Wirtschaft widmet das Kommissionspapier der **Finanzierung** des European Green Deal ein besonderes Augenmerk. Völlig zu Recht sieht die EU-Kommission in der Finanzierungsfrage den entscheidenden Schlüssel zum Erfolg. Der zusätzliche Investitionsbedarf zur Erreichung der Klimaziele bis 2030 wird auf jährlich 260 Mrd. Euro beziffert. Damit diese Mittel aufgebracht werden können, ist sowohl der öffentliche als auch der private Sektor zu mobilisieren. Wichtige Eckpunkte zur Sicherstellung der Finanzierung des European Green Deal sind aus Sicht der EU-Kommission:

- Investitionsplan der EU-Kommission für ein nachhaltiges Europa;
- 25 % der Ausgaben des EU-Haushalts sollen zur Verwirklichung der Klimaziele beitragen
- mindestens 30 % der Mittel des InvestEU-Fonds werden in die Bekämpfung des Klimawandels fließen
- Einführung eines Mechanismus für einen (sozial-)gerechten Übergang einschließlich eines Fonds für gerechten Übergang
- Strategie der EU-Kommission für ein nachhaltiges Finanzwesen

- Einführung einer Taxonomie zur Klassifizierung ökologisch nachhaltiger Tätigkeiten
- Entwicklung einer EU-Norm für nachhaltige Anleihen
- Integration von Klima- und Umweltrisiken in den EU-Aufsichtsrahmen für das Finanzsystem

Weitere Punkte des European Green Deal befassen sich mit der Berücksichtigung von Umweltbelangen in den nationalen Haushalten, der Mobilisierung von Forschung, der Förderung von Innovationen sowie der Schul- und Berufsausbildung.
Im Rahmen des Kommissionspapiers zum European Green Deal stößt die EU-Kommission gemäß ihrer Rolle innerhalb der EU-Institutionen ein Gesetzgebungsverfahren zur Einführung einer Taxonomie durch das Europäische Parlament und den Rat der Europäischen Union (Ministerrat) an (siehe auch Abb. 26).

5.2.4 Taxonomie-Verordnung

Die von der EU-Kommission initiierte Taxonomie-Verordnung wurde am 18. Juni 2020 vom Europäischen Parlament und vom Rat der Europäischen Union erlassen. Bei der Bezeichnung Taxonomie-Verordnung handelt es sich allerdings nur um die inoffizielle Bezeichnung, die den Inhalt vorwegnimmt. Die offizielle Bezeichnung lautet „Verordnung über die Einrichtung eines Rahmens zur Erleichterung nachhaltiger Investitionen".
Der Begriff **Taxonomie** gehört nicht unbedingt zu jedermanns aktivem Wortschatz. Gemäß seinen griechischen Wurzeln bezeichnet das Wort ein System zur Klassifizierung. Im vorliegenden Fall geht es um die **Klassifizierung** von **Wirtschaftstätigkeiten** nach den Maßstäben des nachhaltigen Wirtschaftens.
Basis für die Verordnung sind nicht weniger als 60 Gründe, die einleitend einzeln aufgeführt werden. Darunter sind an vorderer Stelle die Agenda 2030 der Vereinten Nationen sowie das Übereinkommen von Paris zu nennen, womit die Verzahnung der Vereinbarungen auf internationaler Ebene deutlich wird. Der eigentliche Auslöser für den Erlass der Taxonomie-Verordnung ist die Mitteilung der EU-Kommission zum European Green Deal, in

dem die Einführung einer Taxonomie für die Klassifizierung ökologisch nachhaltiger Tätigkeiten als Voraussetzung für die Erreichung der Ziele des Green Deals genannt wird.
Die Verordnung enthält Kriterien, mit denen eine Wirtschaftstätigkeit als ökologisch nachhaltig einzustufen ist, um damit den Grad der **ökologischen Nachhaltigkeit** einer Investition ermitteln zu können (Art. 1). Sie richtet sich an Finanzmarktteilnehmer, die Finanzprodukte bereitstellen, sowie an Unternehmen, die auf Basis von EU-Vorschriften verpflichtet sind, nichtfinanzielle Erklärungen zu veröffentlichen.
Im Rahmen der Verordnung werden insgesamt 23 Begriffe von „Boden" über „Finanzprodukt" bis „Treibhausgas" definiert, um ein gemeinsames Verständnis zu schaffen (Art. 2).
Ein Kernelement der Taxonomie-Verordnung ist die Formulierung von **sechs Umweltzielen** (Artikel 9):

1. Klimaschutz
2. Anpassung an den Klimawandel
3. die nachhaltige Nutzung und Schutz von Wasser- und Meeresressourcen
4. der Übergang zur Kreislaufwirtschaft
5. Vermeidung und Verminderung der Umweltverschmutzung
6. der Schutz und Wiederherstellung der Biodiversität und der Ökosysteme

Eine Wirtschaftstätigkeit gilt im Sinne der Verordnung als **ökologisch nachhaltig** (Art. 3), wenn diese Wirtschaftstätigkeit

a. einen wesentlichen Beitrag zur Verwirklichung eines oder mehrerer der Umweltziele leistet;
b. nicht zu erheblichen Beeinträchtigungen eines oder mehrerer der Umweltziele führt;
c. unter Einhaltung des Mindestschutzes ausgeübt wird;
d. den technischen Bewertungskriterien entspricht, die die Kommission festgelegt hat.

Die Artikel 10 bis 15 definieren für jedes der sechs Umweltziele, welche Elemente als **wesentlicher Beitrag** zur Verwirklichung des jeweiligen Umweltziels zu verstehen sind. Für das Umweltziel Klimaschutz sind das beispielsweise die Erzeugung, Übertragung, Speicherung, Verteilung oder Nutzung erneuerbarer Energien, die Steigerung der Energieeffizienz sowie der Ausbau sauberer oder klimaneutraler Mobilität.

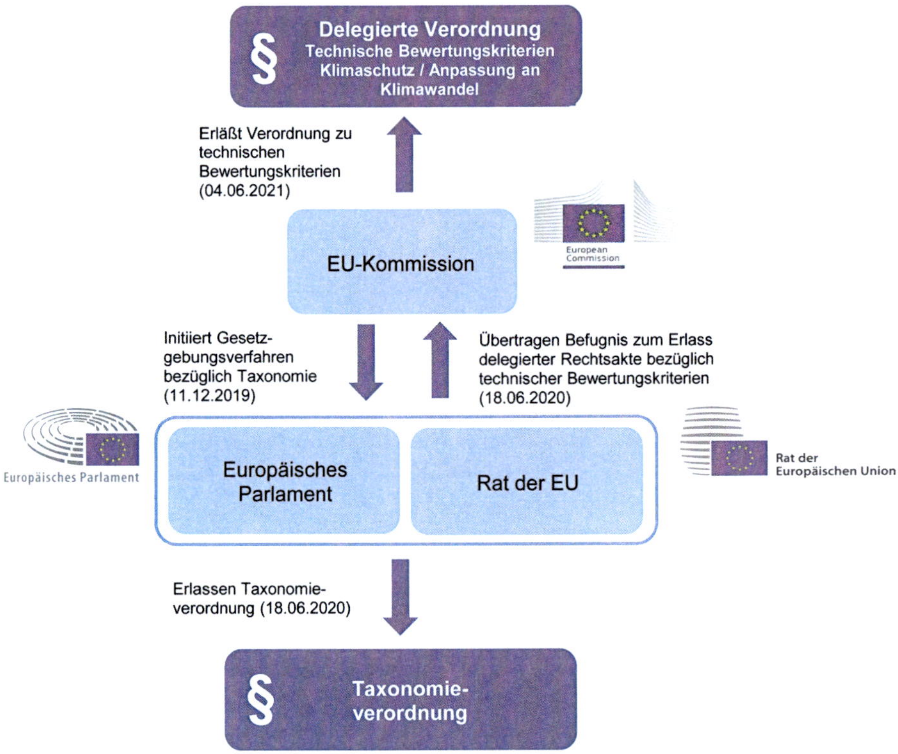

Abb. 26: Entstehung der Taxonomie-Verordnung und der Delegierten Verordnung zu den technischen Bewertungskriterien (Darstellung: Dieter Eimermacher)

Für jedes Umweltziel übertragen das Europäische Parlament und der Rat der Europäischen Union der EU-Kommission die Aufgabe, einen **delegierten Rechtsakt** zu erlassen, der die technischen Bewertungskriterien festlegt, anhand derer bestimmt wird, ob eine Wirtschaftstätigkeit einen wesentlichen Beitrag zum jeweiligem Umweltziel leistet bzw. eines oder mehrere dieser Ziele erheblich beeinträchtigt.
Die Einhaltung des Mindestschutzes, der Voraussetzung für die Einstufung als ökologisch ist, bezieht sich auf die Einhaltung von Menschenrechten und international vereinbarten Standards zum Arbeitsschutz.
Die EU-Kommission wird außerdem beauftragt, eine **Plattform für ein nachhaltiges Finanzwesen** einzurichten, an der Vertreter verschiedener europäischer Institutionen und Sachverständige beteiligt sein sollen. Diese Plattform soll die EU-Kommission bei der Ausarbeitung der technischen Bewertungskriterien beraten. Die Verordnung gilt verbindlich unmittelbar für alle Mitgliedsstaaten.

5.2.5 Delegierte Verordnung

Auf Basis des Auftrags aus der Taxonomie-Verordnung hat die EU-Kommission am 4. Juni 2021 eine **delegierte Verordnung** mit der Festlegung **technischer Bewertungskriterien** erlassen, anhand derer bestimmt wird, unter welchen Bedingungen davon auszugehen ist, dass eine Wirtschaftstätigkeit

a. einen wesentlichen Beitrag zum Klimaschutz oder zur Anpassung an den Klimawandel leistet und
b. dass diese Wirtschaftstätigkeit erhebliche Beeinträchtigungen eines der übrigen Umweltziele vermeidet (*do no significant harm*).

Die Verordnung ist sehr umfangreich und umfasst rund 350 Seiten. Die Verordnung selbst hat nur drei Artikel. Der eigentliche Inhalt verbirgt sich in Anhang I, der die technischen Bewertungskriterien für alle Wirtschaftstätigkeiten auflistet.
Insgesamt werden die neun in Tabelle 17 aufgeführten Hauptgruppen von Wirtschaftstätigkeiten definiert.

Jede dieser Hauptgruppen wiederum umfasst zwischen zwei und 17 Wirtschaftstätigkeiten. Für die Hauptgruppe 7, Baugewerbe und Immobilien, die hier von besonderem Interesse ist, sind es die sieben in Tabelle 18 dargestellten Wirtschaftstätigkeiten.
Die Wirtschaftstätigkeiten Neubau (7.1), Renovierung bestehender Gebäude (7.2) und Erwerb von und Eigentum an Gebäuden (7.7) betreffen den Kernbereich des Bau- und Immobiliensektors. Daher werden nachfolgend in Tabelle 19, 20 und 21 die **technischen Bewertungskriterien** für diese drei Wirtschaftstätigkeiten aufgeführt, die zu erfüllen sind, damit dieser ein wesentlicher Beitrag zum Klimaschutz zugeschrieben wird.

Wirtschaftstätigkeiten (Hauptgruppen)	
1.	Forstwirtschaft
2.	Tätigkeiten in den Bereichen Umweltschutz und Wiederherstellung
3.	Verarbeitendes Gewerbe/Herstellung von Waren
4.	Energie
5.	Wasserversorgung, Abwasser- und Abfallentsorgung und Beseitigung von Umweltverschmutzungen
6.	Verkehr
7.	Baugewerbe und Immobilien
8.	Information und Kommunikation
9.	Erbringung von freiberuflichen, wissenschaftlichen und technischen Dienstleistungen

Tab. 17: Hauptgruppen der Wirtschaftstätigkeiten gemäß EU-Taxonomie-Verordnung

7. Baugewerbe und Immobilien	
7.1	Neubau
7.2	Renovierung bestehender Gebäude
7.3	Installation, Wartung und Reparatur von energieeffizienten Geräten

7.4 Installation, Wartung und Reparatur von Ladestationen für Elektrofahrzeuge in Gebäuden (und auf zu Gebäuden gehörenden Parkplätzen)

7.5 Installation, Wartung und Reparatur von Geräten für die Messung, Regelung und Steuerung der Gesamtenergieeffizienz von Gebäuden

7.6 Installation, Wartung und Reparatur von Technologien für erneuerbare Energien

7.7 Erwerb von und Eigentum an Gebäuden

Tab. 18: Wirtschaftstätigkeiten für den Bereich Nr. 7, Baugewerbe und Immobilien

7.1 Neubau

1. Der Primärenergiebedarf (PEB), mit dem die Gesamtenergieeffizienz des errichteten Gebäudes definiert wird, liegt mindestens 10 % unter dem Schwellenwert, der in den Anforderungen für Niedrigstenergiegebäude gemäß den nationalen Maßnahmen zur Umsetzung der Richtlinie 2010/31/EU des Europäischen Parlaments und des Rates festgelegt ist. Die Gesamtenergieeffizienz wird anhand eines Ausweises über die Gesamtenergieeffizienz (Energy Performance Certificate, EPC) zertifiziert.
2. Bei Gebäuden mit einer Fläche von mehr als 5 000 m² wird das Gebäude bei Fertigstellung auf Luftdichtheit und thermische Integrität geprüft, wobei jegliche Abweichungen von der in der Planungsphase festgelegten Effizienz oder Defekte an der Gebäudehülle Investoren und Kunden gegenüber offengelegt werden. Eine andere Möglichkeit sind robuste und nachvollziehbare Verfahren zur Qualitätsprüfung während des Bauvorgangs; dies ist eine annehmbare Alternative zur Prüfung der thermischen Integrität.
3. Bei Gebäuden mit einer Fläche von mehr als 5 000 m² wurde das Lebenszyklus-Treibhauspotenzial (GWP) des errichteten Gebäudes für jede Phase im Lebenszyklus berechnet und wird gegenüber Investoren und Kunden auf Nachfrage offengelegt.

Tab. 19: Technische Bewertungskriterien für den Neubau von Gebäuden

7.2 Renovierung bestehender Gebäude

Die Gebäuderenovierung entspricht den geltenden Anforderungen an größere Renovierungen. Alternativ führt sie zu einer Verringerung des Primärenergiebedarfs um mindestens 30 %.

Tab. 20: Technische Bewertungskriterien für die Renovierung von Gebäuden

7.7 Erwerb von und Eigentum an Gebäuden

1. Gebäude, die vor dem 31. Dezember 2020 gebaut wurden, besitzen mindestens einen EPC der Klasse A. Alternativ gehört das Gebäude zu den oberen 15 % des nationalen oder regionalen Gebäudebestands, ausgedrückt durch den Primärenergiebedarf im Betrieb und belegt anhand geeigneter Nachweise, in denen mindestens die Energieeffizienz der betreffenden Immobilie und die Energieeffizienz des vor dem 31. Dezember 2020 gebauten nationalen oder regionalen Gebäudebestands miteinander verglichen werden und mindestens zwischen Wohn- und Nichtwohngebäuden differenziert wird.
2. Gebäude, die nach dem 31. Dezember 2020 gebaut wurden, erfüllen die Kriterien, die in Abschnitt 7.1 dieses Anhangs festgelegt und zum Zeitpunkt des Erwerbs relevant sind.
3. Handelt es sich bei dem Gebäude um ein großes Nichtwohngebäude (mit einer Nennleistung für Heizungsanlagen, kombinierter Raumheizung und -lüftung, Klimaanlagen oder kombinierter Klima- und Lüftungsanlagen von mehr als 290 Kilowatt), wird es durch Überwachung und Bewertung der Energieeffizienz effizient betrieben.

Tab. 21: Technische Bewertungskriterien für den Erwerb von und Eigentum an Gebäuden

Die einzelnen technischen Bewertungskriterien sind mit einer Reihe von Fußnoten versehen, die auf andere Vorschriften verweisen. Diese sind hier aus Gründen der Übersichtlichkeit weggelassen worden. Außerdem ist für jede Wirtschaftstätigkeit eine Auflistung der Kriterien vorhanden, die erfüllt sein müssen, damit **kein anderes Umweltziel erheblich beeinträchtigt** wird. Für die drei Wirtschaftstätigkeiten Neubau, Renovierung bestehender Gebäude und Erwerb von und Eigentum an Gebäuden werden die technischen Bewertungskriterien für die Einstufung als wesentlicher Beitrag zum Klimaschutz und zur Vermeidung erheblicher Beeinträchtigung anderer Umweltziele wegen ihres Umfangs in der Anlage B (Kap. 9) zu diesem Buch wiedergegeben.

5.2.6 Richtlinie über die Gesamtenergieeffizienz von Gebäuden

Die EU-Richtlinie über die Gesamtenergieeffizienz von Gebäuden (EU-Gebäuderichtlinie) vom 19. Mai 2010, geändert am 30. Mai 2018, legte das Niedrigstenergiegebäude als Standard für Neubauten ab spätestens 31. Dezember 2020 fest. Die Umsetzung ist durch die Mitgliedsstaaten zu gewährleisten.

Als **Niedrigstenergiegebäude** ist laut Richtlinie ein Gebäude zu verstehen, „das eine sehr hohe, nach Anhang I [der Richtlinie] bestimmte Gesamtenergieeffizienz aufweist. Der fast bei Null liegende oder sehr geringe Energiebedarf sollte zu einem ganz wesentlichen Teil durch Energie aus erneuerbaren Quellen – einschließlich Energie aus erneuerbaren Quellen, die am Standort oder in der Nähe erzeugt wird – gedeckt werden."

Die Vorgabe des Niedrigstenergiegebäudes als Standard für Neubauten wurde in Deutschland mit dem **Gebäudeenergiegesetz (GEG)** umgesetzt, das am 1. November 2020 in Kraft trat (siehe auch Kap. 6.3).

Zum Zeitpunkt der Erstellung dieses Buches wird an der **Neufassung der EU-Gebäuderichtlinie** gearbeitet. Die EU-Kommission hat am 15. Dezember 2021 einen **Entwurf für die Neufassung** vorgelegt. Mit der Verabschiedung der Richtlinie wird nicht vor Ende 2022 gerechnet.

Die EU-Kommission sieht gemäß Begründung zur Neufassung die Richtlinie als Umsetzung der Vorgaben des European Green Deal (siehe Kap. 5.2.3), des Programms „fit für 55" vom Juli 2021, das die Verringerung der Treibhausgasemissionen bis 2030 um 55 % gegenüber dem Stand von 1990 vorsieht und der Strategie für eine Renovierungswelle vom Oktober 2020, die eine Verdopplung der Renovierungsquote bis zum Jahr 2030 anstrebt. Mit der Richtlinie soll die Verwirklichung des emissionsfreien Gebäudebestands bis zum Jahr 2050 sichergestellt werden. Sie umfasst Vorgaben zu den folgenden Themen:

a. Allgemeiner Rahmen zur Berechnung der Gesamtenergieeffizienz von Gebäuden,
b. Mindestanforderungen an die Gesamtenergieeffizienz von neuen Gebäuden,

c. Mindestanforderungen an die Gesamtenergieeffizienz von bestehenden Gebäuden, die einer größeren Renovierung unterzogen werden,
d. Mindestanforderungen an die Gesamtenergieeffizienz von bestehenden Gebäuden,
e. Renovierungspässe
f. Nationale Gebäuderenovierungspläne
g. Infrastruktur für nachhaltige Mobilität in Gebäuden bzw. angrenzend an Gebäude
h. Intelligente Gebäude
i. Ausweise über die Gesamtenergieeffizienz von Gebäuden
j. Inspektion von Heizungs-, Klima und Lüftungsanlagen
k. Unabhängige Kontrollsysteme für Ausweise über die Gesamtenergieeffizienz von Gebäuden

Begriff	**Definition**
Nullemissionsgebäude	Ein Gebäude mit einer sehr hohen, nach Anhang I bestimmten Gesamtenergieeffizienz, bei dem die noch benötigte sehr geringe Energiemenge im Einklang mit den Anforderungen in Anhang III vollständig durch am Standort erzeugte Energie aus erneuerbaren Quellen, durch eine Erneuerbare-Energie-Gemeinschaft im Sinne der Richtlinie (EU) 2018/2001 [geänderte Erneuerbare-Energien-Richtlinie] oder durch ein Fernwärme- und Fernkältesystem gedeckt wird.
Umfassende Renovierung	Eine Renovierung, durch die ein Gebäude oder ein Gebäudeteil zu Folgendem umgebaut wird: a. vor dem 1. Januar 2030 zu einem Niedrigstenergiegebäude; b. ab dem 1. Januar 2030 zu einem Nullemissionsgebäude.
Mindestvorgaben Gesamtenergieeffizienz	Vorschriften, nach denen bestehende Gebäude im Rahmen eines größeren Renovierungsplans für einen Gebäudebestand oder bei einem Auslösepunkt auf dem Markt (Verkauf oder Vermietung) innerhalb eines Zeitraums oder zu einem bestimmten Zeitpunkt eine Anforderung an die Gesamtenergieeffizienz erfüllen müssen, wodurch die Renovierung bestehender Gebäude ausgelöst wird.

Tab. 22: Definitionen von Begriffen der EU-Gebäuderichtlinie (Entwurf)

Wie bereits die erste Fassung beginnt die neue EU-Gebäuderichtlinie mit der Definition von Begriffen, die im Rahmen der Richtlinie verwendet werden. Einige der wesentlichen werden in Tabelle 22 wiedergegeben.

Jeder Mitgliedsstaat der EU muss einen nationalen **Gebäuderenovierungsplan** vorlegen, der gewährleistet, dass der gesamte Gebäudebestand eines Landes in einem in hohem Maße energieeffizienten und dekarbonisierten Zustand transformiert wird.

Für **neu errichtete Gebäude** wird der **Nullemissionsgebäudestandard** ab dem 1. Januar 2030 verpflichtend für Gebäude, die von Behörden genutzt werden, ist dieser Standard ab dem 1. Januar 2027 verpflichtend. Bis dahin ist der Niedrigstenergiehausstandard verpflichtend.

Die weitere Verschärfung der Vorgaben für Neubauten vom Niedrigstenergiehaus hin zum Nullemissionshaus ist konsequent und wenig überraschend.

Gebäude und Gebäudeteile, die sich im Eigentum öffentlicher Einrichtungen befinden
nach dem 01.01 2027 mindestens Gesamtenergieeffizienzklasse F
nach dem 01.01 2030 mindestens Gesamtenergieeffizienzklasse E
Nichtwohngebäude und -gebäudeteile, die sich nicht im Eigentum öffentlicher Einrichtungen befinden
nach dem 01.01 2027 mindestens Gesamtenergieeffizienzklasse F
nach dem 01.01 2030 mindestens Gesamtenergieeffizienzklasse E
Wohngebäude und -gebäudeteile
nach dem 01.01 2030 mindestens Gesamtenergieeffizienzklasse F
nach dem 01.01 2033 mindestens Gesamtenergieeffizienzklasse E

Tab. 23: Mindestanforderungen an die Gesamtenergieeffizienz von Gebäuden gemäß EU-Gebäuderichtlinie (Entwurf)

Eine Änderung ist die vorgesehene **Neukalibrierung** der Energieeffizienzklassen in Energieausweisen. Die Klasse A soll den Nullemissionsgebäuden vorbehalten werden. Die Klasse G soll die schlechtesten 15 % des Gebäudebestandes umfassen.
Wesentlich größere Bedeutung werden die Vorgaben für die **Mindestanforderungen** an die Gesamtenergieeffizienz von **Bestandsbauten** haben (s. Tab. 23).
Die Vorgaben verstehen sich als **letzte** Termine. Die Mitgliedsstaaten können schärfere Vorgaben machen.
Die Mitgliedsstaaten müssen darüber hinaus in ihren jeweiligen nationalen Gebäuderenovierungsplänen einen Zielpfad mit Angaben über die Erreichung eines Gebäudebestandes mit Nullemissionsgebäuden bis 2050 festlegen.
Mit der Vorgabe von Mindestanforderungen an die Gesamtenergieeffizienz von Gebäuden wird erstmals die gesetzliche Basis für die *verpflichtende* energetische Sanierung von Gebäuden auf EU-Ebene geschaffen.
Wenig bekannt ist, dass anders als in Deutschland in einigen Ländern schon Mindestanforderungen eingeführt wurden. So müssen Bürogebäude in den Niederlanden ab 2023 die Energieeffizienzklasse C erreichen.
Das Bundesbauministerium hat im Rahmen seines Sofortprogramms gemäß Bundes-Klimaschutzgesetz, das am 13. Juli 2022 vorgestellt wurde (siehe Kap. 5.3.4), ausdrücklich auf die EU-Gebäuderichtlinie Bezug genommen und die Einführung von Mindestanforderungen an die Gesamtenergieeffizienz von Bestandsgebäuden vorbereitet.
Ich möchte noch einmal betonen, dass die hier vorgestellten Maßnahmen dem *Entwurf* zur Neufassung der EU-Gebäuderichtlinie entstammen. Die verabschiedete Richtlinie kann sich noch davon unterscheiden.
Dennoch ist davon auszugehen, dass es in naher Zukunft Vorgaben zur verpflichtenden energetischen Sanierung von Bestandsgebäuden geben wird. Offen ist allenfalls, bis zu welchem Zeitpunkt welche Energieeffizienzklassen erreicht sein müssen und welche Erleichterungen bzw. Ausnahmen es geben wird.
Da es sich bei den energetischen Sanierungen im Allgemeinen um Maßnahmen mit erheblichem Investitionsbedarf handeln wird, birgt das Thema ein erhebliches gesellschaftliches Konfliktpotenzial. Für eine erfolgreichen

Umsetzung, die auf Unterstützung in der Bevölkerung stößt, ist die Flankierung der Sanierungspflichten mit **Fördermitteln** einerseits und **Sozialfonds** andererseits wichtig.

5.3 Deutschland

5.3.1 Klimaschutzplan 2050

Der Klimaschutzplan stellt die klimapolitischen Grundsätze und Ziele der Bundesregierung dar. Er wurde im November 2016 beschlossen. Der Klimaschutzplan 2050 nimmt ausdrücklich Bezug auf das Übereinkommen von Paris. Der Klimaschutzplan wurde durch eine breite Beteiligung von Ländern, Kommunen, Verbänden und Bürgern und deren Vorschläge für Klimaschutzmaßnahmen vorbereitet. Die Bundesregierung bekräftigt im Klimaschutzplan das bereits im Jahr 2010 formulierte Ziel, die Treibhausgasemissionen bis zum Jahr 2050 um 80 % bis 95 % gegenüber dem Stand von 1990 zu reduzieren.
Mit Leitbildern werden Visionen für die einzelnen Handlungsfelder für das Jahr 2050 entwickelt. Meilensteine und Maßnahmen werden für das Jahr 2030 formuliert. Für die Treibhausgasemissionen wurden die in Tabelle 24 aufgeführten Ziele als Meilensteine beschlossen.

	(Mio. Tonnen CO_2-Äquivalent)	1990	2030	Veränderung
1.	Energiewirtschaft	466	175 - 183	- 62 % bis - 61 %
2.	Gebäude	209	70 - 72	- 67 % bis - 66 %
3.	Verkehr	163	95 - 98	- 42 % bis - 40 %
4.	Industrie	283	140 - 143	- 51 % bis - 49 %
5.	Landwirtschaft	88	58 - 61	- 34 % bis - 31 %
6.	Sonstige	39	5	- 87 %
	Summe	**1.248**	**543 - 562**	**- 56 % bis - 55 %**

Tab. 24: Emissionsziele Klimaschutzplan 2050

5.3.2 Klimaschutzprogramm 2030

Das Klimaschutzprogramm 2030 wurde im Jahr 2019 von der Bundesregierung aufgestellt und versteht sich als Konkretisierung der Schritte zur Realisierung der im Klimaschutzplan 2050 aus dem Jahr 2016 formulierten Ziele.
Beim Klimaschutzprogramm handelt es sich um ein Maßnahmenbündel, auf das sich die Bundesregierung geeinigt hat und auch als „Klimapaket" bezeichnet wird. Es setzt sich aus vier Elementen zusammen:

1. Förderprogramme
2. Bepreisung von CO_2
3. Entlastung der Bürger
4. Regulatorische Maßnahmen

Festschreibung der Sektorziele zur Reduzierung der Treibhausgasemissionen	➔	Bundes-Klimaschutzgesetz vom 12.12.2019 und 18.08.2021
Stufenweise Reduzierung und Beendigung der Kohleverstromung	➔	Gesetz zur Reduzierung und zur Beendigung der Kohleverstromung vom 08.08.2020
Bepreisung von CO_2 für die Sektoren Wärme und Verkehr	➔	Gesetz über einen nationalen Zertifikatehandel für Brennstoffemissionen vom 12.12.2019
Erhöhung der Pendlerpauschale	➔	Gesetz zur Umsetzung des Klimaschutzprogramms 2030 im Steuerrecht vom 21.12.2019
Steuerliche Förderung von energetischen Maßnahmen bei eigengenutzten Objekten	➔	Gesetz zur Umsetzung des Klimaschutzprogramms 2030 im Steuerrecht vom 21.12.2019

Tab. 25: Maßnahmen des Klimaschutzprogramms und deren gesetzliche Umsetzung (Beispiele)

Das Klimaschutzprogramm umfasst dabei sowohl sektorübergreifende als auch sektorbezogene Maßnahmen. Die konkrete Umsetzung der im

Klimaschutzprogramm formulierten Maßnahmen erfolgt anschließend durch die Gesetzgebung. Es handelt sich im Einzelnen um nicht weniger als 64 Maßnahmen. Aus Gründen der Übersichtlichkeit werden in Tabelle 25 nur einige wichtige Maßnahmen aus dem Klimaschutzprogramm sowie die später gesetzliche Umsetzung beispielhaft aufgeführt. Eine Aufstellung aller Maßnahmen ist in Anlage A (Kap. 9) zu diesem Buch zu finden.
Das Bundes-Klimaschutzgesetz wird nachfolgend ausführlich erläutert.

5.3.3 Bundes-Klimaschutzgesetz

Die konkrete Ausgestaltung der Reduktionsschritte für die Treibhausgasemissionen obliegt der nationalen Ebene. Das **Bundes-Klimaschutzgesetz (KSG)** vom 12. Dezember 2019 hat dementsprechend gemäß § 1 den Zweck, „zum Schutz der Auswirkungen des weltweiten Klimawandels die Erfüllung der nationalen Klimaschutzziele sowie die Einhaltung der europäischen Zielvorgaben zu gewährleisten“. Es bezieht sich ausdrücklich auf das Übereinkommen von Paris und das dort formulierte Ziel, den Anstieg der globalen Durchschnittstemperatur auf deutlich unter zwei Grad Celsius und möglichst auf 1,5 Grad Celsius zu begrenzen.

	(Mio. Tonnen CO_2-Äquivalent)	2020	2030	Veränderung
1.	Energiewirtschaft	280	175	- 37,5 %
2.	Industrie	186	140	- 24,7 %
3.	Gebäude	118	70	- 40,7 %
4.	Verkehr	150	95	- 36,7 %
5.	Landwirtschaft	70	58	- 17,1 %
6.	Abfallwirtschaft und Sonstige	9	5	- 44,4 %
	Summe	**813**	**543**	**- 33,2 %**

Tab. 26: Sektorziele für das Jahr 2030 gemäß Anlage 2 zum KSG

Das Gesetz sah bis 2030 eine Reduzierung der Treibhausgasemissionen um mindestens 55 % gegenüber dem Stand von 1990 vor. Im Detail wurden in

der Anlage 2 zum Gesetz für sechs Sektoren jährliche Emissionsmengen vorgegeben. In Tabelle 26 sind vereinfachend nur die Ausgangsbasis 2020 und die Vorgaben für das Jahr 2030 wiedergegeben.
Die Emissionsmengen nach dem Jahr 2031 soll die Bundesregierung im Jahr 2025 mittels Rechtsverordnung festlegen.
Gegen das KSG wurde **Verfassungsbeschwerde** eingelegt. Am 24. März 2021 hat das Bundesverfassungsgericht entschieden, dass Teile des Gesetzes mit den **Grundrechten unvereinbar** sind, da eine Fortschreibung der Minderungsziele nach dem Jahr 2030 fehlt. Der Gesetzgeber wurde verpflichtet, bis zum 31. Dezember 2022 die Fortschreibung der Minderungsziele nach dem Jahr 2030 zu regeln.
In den Leitsätzen zu seinem Beschluss formulierte das Bundesverfassungsgericht, dass die Schonung künftiger Freiheit es verlangt, den Übergang zur Klimaneutralität rechtzeitig einzuleiten. Die natürlichen Lebensgrundlagen müssen der Nachwelt in einem solchen Zustand hinterlassen werden, dass nachfolgende Generationen diese nicht nur um den Preis radikaler eigener Enthaltsamkeit weiter bewahren könnten. Außerdem bemängelt das Bundesverfassungsgericht den Plan, die zukünftigen Emissionsmengen ab 2030 lediglich auf dem Weg einer Verordnung der Regierung zu regeln.
Zur Herstellung der Verfassungskonformität wurde bereits am 18. August 2021 ein Gesetz zur Änderung des KSG beschlossen. Es wurden dabei nicht nur die Minderungsziele für die Treibhausgasemissionen nach dem Jahr 2030 aufgenommen, sondern auch eine Verschärfung der Reduktionsziele bis 2030 beschlossen. Die Emissionen sollen bis 2030 demnach um 65 % statt, wie in der ursprünglichen Fassung, um mindestens 55 % gegenüber dem Stand von 1990 sinken. Bis zum Jahr 2040 ist eine Reduktion um 88 % vorgesehen, und bis 2045 soll die Treibhausgasneutralität erreicht sein. Nach dem Jahr 2050 sollen negative Treibhausgasemissionen erreicht werden. Die verschärften Sektorziele werden in Tabelle 27 dargestellt.
Für den Zeitraum 2031 bis 2040 wurden keine Emissionsvorgaben differenziert nach Sektoren gemacht. Stattdessen wurde die Reduktion der Treibhausgasemissionen als Summe über alle Sektoren **gegenüber** dem **Stand von 1990** dargestellt (siehe Tab. 28).

	(Mio. Tonnen CO_2-Äquivalent)	2020	2030	Veränderung
1.	Energiewirtschaft	280	108	- 61,4 %
2.	Industrie	186	118	- 36,6 %
3.	Gebäude	118	67	- 43,2 %
4.	Verkehr	150	85	- 43,3 %
5.	Landwirtschaft	70	56	- 20,0 %
6.	Abfallwirtschaft und Sonstige	9	4	- 55,6 %
	Summe	**813**	**438**	**- 46,1 %**

Tab. 27: Sektorziele für das Jahr 2030 gemäß Anlage 2 zum KSG
(1. Änderung vom 18. August 2021)

	2031	2032	2033	2034	2035	2036	2037	2038	2039	2040
Minderungsziele gegenüber 1990	67 %	70 %	72 %	74 %	77 %	79 %	81 %	83 %	86 %	88 %

Tab. 28: Minderungsziele für den Zeitraum 2031 bis 2040
gemäß Anlage 4 zum KSG

Die Aufteilung nach Sektoren soll später durch Rechtsverordnung erfolgen. Eine weitere Neuerung ist die Stärkung des Sektors Landnutzung, Landnutzungsänderung und Forstwirtschaft mit dem Ziel, den Beitrag zum Klimaschutz zu verbessern. Die Emissionsbilanzen sollen sich demnach wie in Tabelle 29 dargestellt entwickeln:

(Mio. Tonnen CO_2-Äquivalent)	2030	2040	2045
Minderungsziele (Mindestwerte)	- 25	- 35	- 40

Tab. 29: Beitrag des Sektors Landnutzung, Landnutzungsänderung
und Forstwirtschaft gemäß § 3a KSG

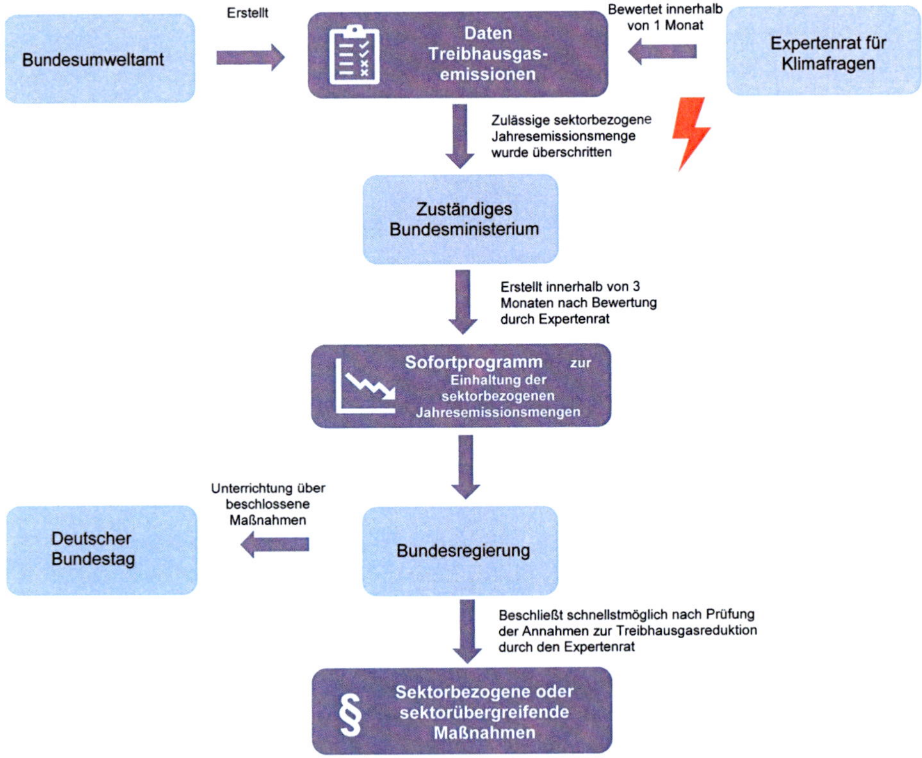

Abb. 27: Ablauf Sofortprogramm gemäß KSG bei Überschreiten der sektorbezogenen Jahresemissionsmengen (Darstellung: Dieter Eimermacher)

In § 5 KSG wird das **Bundesumweltamt** mit der Aufgabe der Datensammlung zu den Treibhausgasemissionen beauftragt. Außerdem stellt das Bundesumweltamt in seiner Berichterstattung die Abweichung der Emissionen nach Sektoren im Vergleich zu den vorgegebenen maximalen Jahresemissionsmengen gegenüber. Das Bundesumweltamt leitet seinen Bericht an den fünfköpfigen **Expertenrat für Klimafragen** weiter, der gemäß § 11 KSG zu bilden ist.

Werden in einem Berichtsjahr die zulässigen Jahresemissionsmengen in einem Sektor überschritten, so muss das für diesen Sektor zuständige Bundesministerium der Bundesregierung drei Monate nach Vorlage der Daten durch den Expertenrat ein **Sofortprogramm** vorlegen, das die Einhaltung der Jahresemissionsmengen dieses Sektors in den Folgejahren sicherstellt. Abbildung 27 zeigt den vom KSG vorgeschriebenen Ablauf bei Überschreiten der sektorbezogenen Jahresemissionsmengen.

Das Werkzeug des Sofortprogramms birgt erhebliches gesellschaftliches Konfliktpotenzial. Wie könnte ein Sofortprogramm aussehen, wenn zum Beispiel der Sektor Verkehr die zulässigen Jahresemissionsmengen überschreitet? Werden dann Fahrverbote für PKW mit Verbrennungsmotor erlassen? Werden allgemeine Geschwindigkeitsbeschränkungen eingeführt? Solche Maßnahmen würden erheblichen Widerstand in Teilen der Bevölkerung auslösen. Es gehört nicht viel Fantasie dazu, sich Protestwellen gegen „**Klimadiktatur**" vorzustellen, wie wir sie schon ähnlich im Zusammenhang mit den einschränkenden Maßnahmen gegen die Coronapandemie gesehen haben.

Die Problematik der **gesellschaftlichen Akzeptanz** für die Klimaschutzpolitik wird sich mit der schrittweisen Verschärfung der Reduktionsziele als immer drängender darstellen.

Eine erste Kostprobe steht möglicherweise unmittelbar bevor. Am 15. März 2022 veröffentlichte das **Bundesumweltamt** gemäß §5 Bundes-Klimaschutzgesetz (KSG) die Daten zu den Treibhausgasemissionen für das zurückliegende Kalenderjahr. Erstmals wurde in diesem Zusammenhang auch dargestellt, welche Sektoren die im KSG festgelegten Jahresemissionsmengen der Treibhausgasemissionen über- oder unterschritten haben. Im Jahr 2021 haben – wenig überraschend – die beiden **Sektoren Verkehr** und **Gebäude** die zulässigen **Jahresemissionsmengen überschritten**. Im Sektor Verkehr betrugen die Treibhausgasemissionen 148 Mio. Tonnen CO_2-Äquivalente statt der erlaubten 145 Mio. Tonnen.

Im Sektor Gebäude wurden 115 Mio. Tonnen statt der erlaubten 113 Mio. Tonnen ausgestoßen. Die vom Bundesumweltamt ermittelten Daten wurden dem **Expertenrat für Klimafragen** zur Bewertung vorgelegt, der einen Monat zur Prüfung der Zahlen Zeit hat. Der Expertenrat für Klimafragen hat

am 13. April 2022 nach Prüfung der ihm vorgelegten Zahlen bestätigt, dass die Sektoren Gebäude und Verkehr die Ziele verfehlt haben.
Die für die Sektoren Verkehr und Gebäude zuständigen Bundesminister haben gemäß § 8 KSG drei Monate Zeit, ein **Sofortprogramm** auszuarbeiten, das die Einhaltung der Jahresemissionsmengen für die Folgejahre sicherstellt.

5.3.4 Sofortprogramm (KSG) Sektor Gebäude 2022

Am 13. Juli 2022 wurden die Sofortprogramme für die Sektoren Verkehr und Gebäude von den zuständigen Bundesministerien vorgestellt. Für den **Sektor Gebäude** umfasst das Sofortprogramm die folgenden Maßnahmen:

1. Novelle des Gebäudeenergiegesetzes (GEG)
2. Bundesförderung effiziente Gebäude (BEG)
3. Richtlinie für die Förderung von Pilotprojekten der Seriellen Sanierung und flankierende Maßnahmen (Bundesförderung Serielle Sanierung)
4. Bundesförderung für effiziente Wärmenetze (BEW)
5. Gesetz für kommunale Wärmeplanung
6. Aufbauprogramm und Qualifikationsoffensive Wärmepumpe
7. Optimierung bestehender Heizungssysteme
8. Initiative öffentliche Gebäude
9. Sanierung kommunaler Einrichtungen in den Bereichen Sport, Jugend und Kultur
10. Zukunft Bau: Modellvorhaben für Innovation im Gebäudebereich

Die Vorschläge zur **Novellierung des GEG** geben im Wesentlichen die entsprechenden Eckpunkte des Koalitionsvertrages (siehe Kap.) wieder. Die Vorgabe von mindestens 65 % erneuerbarer Energie für den Betrieb von neuen Heizungen soll um ein Jahr auf den 1. Januar 2024 vorgezogen werden. Die Vorgabe des KfW-EH-40-Standards für Neubauten bleibt wie im Koalitionsvertrag vorgesehen im Jahr 2025. Auch die Pflicht zur Installation von PV-Anlagen auf gewerblichen Neubauten ist nicht neu.

Neu gegenüber dem Koalitionsvertrag ist die Bezugnahme auf die Novellierung der EU-Gebäuderichtlinie. Der Entwurf der EU-Kommission wurde am 15. Dezember 2021 und damit *nach* der Unterzeichnung des Koalitionsvertrages veröffentlicht. Die Vorgaben der EU-Gebäuderichtlinie sollen laut Sofortprogramm noch in der laufenden Legislaturperiode in deutsches Recht umgesetzt werden. Die Novellierung der EU-Gebäuderichtlinie war zum Zeitpunkt der Verkündung des Sofortprogramms noch nicht abgeschlossen. Konkret benannt werden im Sofortprogramm der **Mindestenergiestandard** für Gebäude und der **Zero-Emission-Building-Standard** für Neubauten. Den entscheidenden Punkt beim Thema Mindestenergiestandards, nämlich die Vorgabe bis zu welchem Datum welcher Energiestandard für welche Immobilienart in Deutschland erreicht sein soll, bleibt das Sofortprogramm schuldig. Man kalkuliert für den Zeitraum 2022 bis 2030 mit einer Reduzierung der Treibhausgasemissionen um 9,7 Mio. Tonnen CO_2-Äquivalent aus den Vorgaben zu den Mindestenergiestandards.

Die Vorschläge zur **Bundesförderung effiziente Gebäude** umfassen die Fokussierung der Förderung auf Gebäudesanierungen und dort besonders auf die Bereiche mit dem höchsten Potenzial zur Einsparung von Treibhausgasen.

Das neu entwickelte **Qualitätssiegel Nachhaltige Gebäude (QNS)** soll den gesamte Lebenszyklus von Gebäuden, also nicht nur die Nutzungsphase, sondern auch die Herstellung und den Abriss, hinsichtlich der Treibhausgasemissionen bewerten.

Mit der **Bundesförderung effizienter Wärmenetze (BEW)** soll der Anteil der erneuerbaren Energien und Abwärme von Gewerbebetrieben an der in die Wärmenetze eingespeisten Energien erhöht werden. Das Sofortprogramm erhöht die Zielvorgabe des Koalitionsvertrages von 50 auf 75 % Anteil erneuerbarer Energien bzw. Abwärme.

Die übrigen vorgeschlagenen Maßnahmen haben eher flankierenden Charakter. Im Zeitraum 2022 bis 2030 sollen die Maßnahmen des Sofortprogramms zu einer zusätzlichen Einsparung von 155,8 bis 161,4 Mio. Tonnen CO_2-Äquivalent führen. Die beiden Maßnahmenpakete Novelle des Gebäudeenergiegesetzes und Bundesförderung effiziente Gebäude machen etwa zwei Drittel der geplanten Einsparungen aus.

5.3.5 Zukünftige Herausforderungen

Die seit Dezember 2021 amtierende Bundesregierung ist um ihre Aufgabe nicht zu beneiden. Sie muss jetzt sehr schnell Erfolge bei der Treibhausreduktion erzielen, wenn die im Bundes-Klimaschutzgesetz formulierten Ziele nicht schon bald Makulatur sein sollen.
Und da rückt nun unumgänglich der Gebäudebestand in den Fokus. Abbildung 28 zeigt, dass zwei Drittel des Wohnungsbestandes in Deutschland aus der Zeit bis 1978 stammen. Die aktuelle Geschwindigkeit bei der energetischen Gebäudesanierung liegt bei ca. ein Prozent des Bestandes pro Jahr. Dieser Wert müsste etwa verdreifacht werden, um die gesteckten Reduktionsziele zu erreichen.

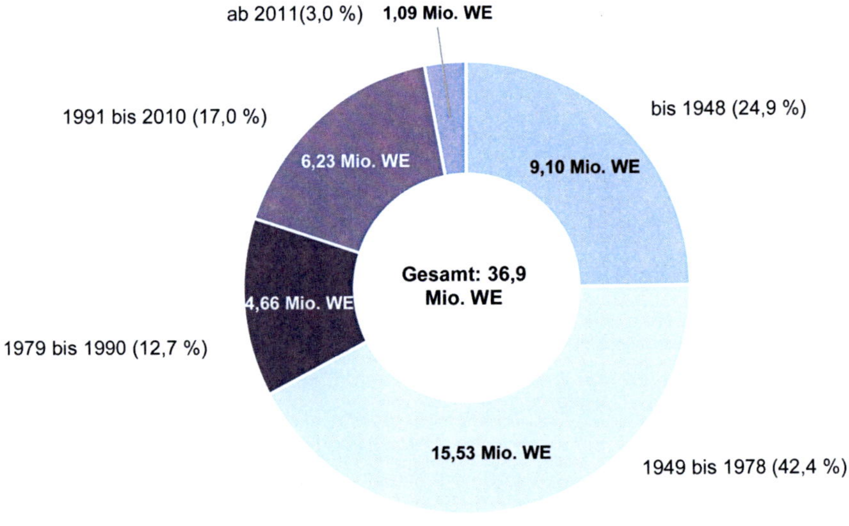

Abb. 28: Baujahresgruppen der bewohnten Wohnungen in Deutschland im Jahr 2018 (Daten: Statistisches Bundesamt; Darstellung: Dieter Eimermacher)

Rund drei Viertel der Wohnungen werden mit Öl oder Gas beheizt (siehe Abb. 29). Hier handelt es sich um ein hausgemachtes Problem, weil bei der Energieeinspargesetzgebung in Deutschland bislang vor allem die Verschärfung der Standards bei Neubauten im Vordergrund stand und Vorgaben für die Sanierung des Gebäudebestandes nur in geringem Maße erfolgten. In Kapitel 6 wird dieser Sachverhalt ausführlich erläutert. Weiter nur auf das Prinzip der Freiwilligkeit zu setzen und dieses mit Fördermöglichkeiten zu flankieren, wird nicht mehr reichen. Es scheint unausweichlich, dass die gesetzlichen Vorgaben zur **verpflichtenden energetischen Sanierung** massiv verschärft werden müssen.

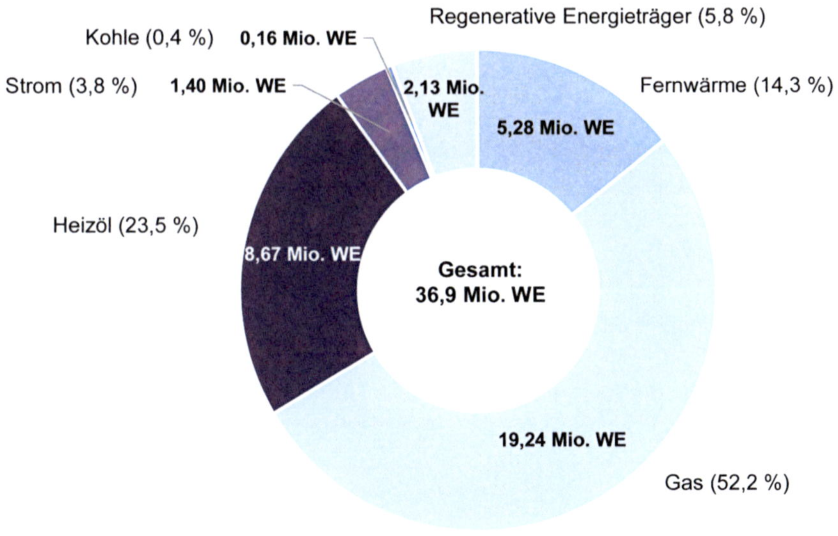

Abb. 29: Anzahl der bewohnten Wohnungen (WE) nach Art der Beheizung in Deutschland im Jahr 2018 (Daten: Statistisches Bundesamt; Darstellung: Dieter Eimermacher)

5.3.6 Die Pläne der neuen Regierung aus SPD, FDP und Bündnis 90/Die Grünen

Die Änderung des Bundes-Klimaschutzgesetzes (KSG) aufgrund des Beschlusses des Bundesverfassungsgerichts wurde im August 2021 von der Bundesregierung vorgenommen. Im September 2021 fand die

Bundestagswahl statt und seit Dezember 2021 ist die neue Regierung im Amt.
Im **Koalitionsvertrag** spielt das Thema Klimaschutz eine Hauptrolle. Die Koalitionspartner bekennen sich zum 1,5-Grad-Ziel von Paris und zur Klimaneutralität Deutschlands bis 2045. Der Atomausstieg wird nicht infrage gestellt.
Das noch so junge KSG soll noch im Jahr 2022 weiterentwickelt werden. Es deutet sich dabei eine Änderung der bisherigen **sektorbezogenen Erfolgskontrolle** im Hinblick auf die Reduzierung der Treibhausgasemissionen an. So soll laut Koalitionsvertrag eine **sektorübergreifende mehrjährige Gesamtrechnung** mit einem jährlichen Monitoring eingeführt werden. Es würde dann die Notwendigkeit für sektorbezogene Sofortprogramme bei Verfehlung der Zielvorgaben entfallen.
Außerdem soll ein **Klimaschutz-Sofortprogramm** mit allen Gesetzen, Verordnungen und Maßnahmen auf den Weg gebracht werden.
Der **Ausbau der erneuerbaren Energie** soll sowohl im Hinblick auf Photovoltaik als auch auf Windkraft drastisch beschleunigt werden. Für die Windkrafterzeugung an Land sollen zwei Prozent der Landfläche bereitgestellt werden. Photovoltaikanlagen sollen auf den Dächern von gewerblichen Neubauten verpflichtend und bei privaten Neubauten die Regel werden.
Der **Ausstieg aus der Kohle** wird bis **2030** angestrebt. Erdgas soll für eine Übergangszeit bis zur Umstellung auf klimaneutrale Gase genutzt werden.
Für den Bereich Bauen und Wohnen wurden ebenfalls ambitionierte Ziele formuliert. So sollen pro Jahr 400.000 Wohnungen gebaut werden, von denen 25 % öffentlich geförderte Wohnungen sein sollen. Das Bauen soll zukünftig bezahlbar, klimaneutral, nachhaltig, barrierearm, innovativ und mit lebendigen öffentlichen Räumen ausgestattet sein.
Außerdem wird die **Änderung des Gebäudeenergiegesetzes (GEG)** angestrebt. So soll ab 1. Januar 2025 jede neu eingebaute Heizung mit mindestens 65 % erneuerbarer Energie betrieben werden. Für Neubauten soll es ab diesem Datum der KfW-EH-40-Standard werden.
Für das so wichtige Thema Sanierung des Gebäudebestandes bleibt es recht vage. Konkret wird hier nur auf das serielle Sanieren nach niederländischem Prinzip als Vorbild verwiesen.

Für Mietwohnungen soll der Sanierungsdruck auf die Eigentümer erhöht werden, indem die **CO_2-Steuer** nach einem **Stufenmodell** in Abhängigkeit von der Effizienzklasse zwischen Mieter und Vermieter geteilt wird.
Als innovativ ist die Idee des **digitalen Gebäuderessourcenpasses** zu bewerten, mit dem der Themenkomplex graue Energie und Kreislaufwirtschaft angesprochen wird.

5.3.7 Auswirkungen des Ukrainekrieges

Der russische Überfall auf die Ukraine am 24. Februar 2022 bedeutet nicht nur für die Außen- und Sicherheitspolitik eine **Zeitenwende**, wie Bundeskanzler Scholz es formulierte. Massive Auswirkungen ergeben sich für die Bereiche Energieversorgung und Klimaschutz. Statt an der Umsetzung der im Koalitionsvertrag niedergeschriebenen Ziele zu arbeiten, musste der frisch gebackene Bundeswirtschaftsminister von Emirat zu Emirat fliegen, um Flüssiggaskontingente als Ersatz für russisches Erdgas zu sichern. Die erste Großbaumaßnahme der neuen Regierung sind Terminals für die Anlieferung von **Flüssiggas** an der Nordseeküste.
Die drastisch gestiegenen Preise für Treibstoff, Gas und Öl drohen Wirtschaft und Verbraucher gleichermaßen zu überfordern.
Oberstes Ziel ist es, von Gas, Öl und Kohle möglichst schnell unabhängig zu werden. Dafür wird von der Bundesregierung sogar die verstärkte Nutzung von Kohleverstromung in Kauf genommen. Eine längere Laufzeit von Atomkraftwerken soll dagegen nicht erfolgen.
Was auf den ersten Blick ein **Rückschlag** auf dem Weg zur **Klimaneutralität** ist, könnte sich aber **mittelfristig** als **Beschleuniger** erweisen:

- Durch die stark gestiegenen Energiepreise werden energetische Sanierungen von Bestandsgebäuden wirtschaftlich attraktiver. Durch die harten wirtschaftlichen Fakten werden auch diejenigen überzeugt, die dem Klimaschutzgedanken an sich kritisch gegenüberstehen.
- Der Energieträger Gas hat durch den Krieg einen Imageschaden erlitten. Dadurch kann der Ausbau der regenerativen Energieerzeugung leichter forciert werden.

- Für Vermieter wird die energetische Sanierung mit Blick auf die Tragfähigkeit der Bruttomietbelastung inklusive Betriebskosten für die Mieter immer zwingender. Ein niedriger Heizkostenanteil durch einen hohen energetischen Standard ist ein Vermietungsvorteil.
- Das Interesse an E-Mobilität wird steigen. Der Wunsch der Unabhängigkeit von fossilen Treibstoffen lässt die Argumente gegen Elektroautos, wie zum Beispiel die Reichweitenproblematik, kleiner wirken.

Es kommt nun sehr darauf an, dass die Bundesregierung die sich neu ergebende Dynamik zugunsten des Projektes Klimaneutralität durch geeignete gesetzliche Rahmenbedingungen und Förderprogramme politisch verstärkt.
Eine direkte Konsequenz aus dem Krieg ist das sogenannte **Osterpaket**, das am 8. Juli 2022 verabschiedet wurde. Dabei handelt es sich um ein Bündel von Gesetzesänderungen, die vor allem dem beschleunigten und vorrangigen Ausbau von erneuerbarer Energie dienen. So wurden u. a. das Erneuerbare-Energien-Gesetz (EEG) und das Energiewirtschaftsgesetz (EnWG) geändert.

Die Quintessenz – fassen wir doch noch einmal zusammen

Klimaschutz und nachhaltige Entwicklung können global nur wirksam durch internationale Vereinbarungen umgesetzt werden. So sind den nationalen Gesetzgebungen wie dem deutschen Bundesklimaschutzgesetz eine Reihe von internationalen Willensbildungen vorangegangen. Die regulatorischen Maßnahmen zu Klimaschutz und nachhaltiger Entwicklung werden unser aller Leben ab sofort schrittweise immer massiver beeinflussen. Damit Sie in der aktuellen politischen Debatte nicht den Überblick verlieren, ist es sinnvoll, sich die sachlichen Zusammenhänge und den zeitlichen Ablauf vor Augen zu führen:

Die UN-Konferenz von Rio im Jahr 1992 kann als der eigentliche Startschuss sowohl für die Bemühungen um den Klimaschutz (Klimarahmenkonvention) als auch für die nachhaltige Entwicklung (Agenda 21) eingestuft werden. Die Vereinbarungen zum Klimaschutz wurden auf den jährlich stattfindenden Konferenzen der Vertragsparteien (COP) immer weiterentwickelt und fanden auf der Klimakonferenz von Paris (COP-21) im Jahr 2015 die heute maßgebliche Definition (Begrenzung des Temperaturanstiegs auf deutlich unter 2° C). Die Festlegung auf ein Net-Zero-Emissionsziel erfolgte 2012 (COP-26). Die Ziele zur nachhaltigen Entwicklung (SDG) wurden 2015 in der Agenda 2030 neu gefasst.

Die EU schließlich legte in Erfüllung der Vereinbarungen auf Ebene der UN mit dem EU-Klimaschutzgesetz im Jahr 2021 die Klimaneutralität für den Bereich der EU bis 2050 fest. Der European Green Deal von 2019 sowie die Taxonomie-Verordnung von 2020 haben das Ziel, Klimaschutz und nachhaltige Entwicklung sicherzustellen, insbesondere durch die Lenkung von Finanzströmen. Die Taxonomie-Verordnung und die ergänzenden delegierten Verordnungen definieren erstmals konkret, unter welchen Kriterien eine Wirtschaftstätigkeit als nachhaltig gilt. Mit der zukünftigen Neufassung der EU-Gebäuderichtlinie werden nicht nur abermals verschärfte Vorschriften für die Energieeffizienz von Neubauten, sondern voraussichtlich auch erstmals verpflichtende Vorgaben zur Energieeffizienz von Bestandsgebäuden gemacht werden.

Das Bundesklimaschutzgesetz von 2019 (geändert 2021) legt schließlich die Reduktionsziele bezüglich der Treibhausgasemissionen in Deutschland untergliedert nach sechs Sektoren fest, damit die auf Ebene der EU formulierten Vorgaben für Deutschland erfüllt werden können. Mit dem im Juli 2022 vom Bundesbauministerium vorgestellten Sofortprogramm soll das Erreichen der Reduktionsziele sichergestellt werden, da die Ziele für 2021 nicht erfüllt wurden.

6 Gesetzliche Vorgaben zur Energieeinsparung bei Gebäuden in Deutschland

Inhaltsübersicht

Ein wesentlicher Baustein für die Nachhaltigkeit im Gebäudesektor ist die Energieeinsparung in der Nutzungsphase von Gebäuden. Das betrifft die Energie für Heizung, Warmwasserbereitung, Kühlung, Lüftung und Gebäudetechnik.
Die gesetzlichen Regelungen auf diesem Gebiet beginnen in Deutschland im Jahr 1977 und wurden auf dem Weg hin zum aktuell gültigen Gebäudeenergiegesetz (GEG) hinsichtlich ihres Regelungsumfangs und der technischen Anforderungen schrittweise verschärft.
In diesem Kapitel werden die einzelnen Entwicklungsschritte sowie der Zusammenhang mit den Regelungen auf europäischer Ebene dargestellt.

Die Wärmeschutzverordnung vom August 1977 war die erste gesetzliche Regelung zur Energieeinsparung bei Gebäuden. Sie wurde auf Basis der Ermächtigung durch das **Energieeinsparungsgesetz (EnEG)** vom 22. Juli 1976 von der Bundesregierung erlassen. Dieses Gesetz ist Teil eines Gesetzesbündels, das zum Beispiel auch das **Energiesicherungsgesetz** enthielt, auf dessen Grundlage Fahrverbote (autofreie Sonntage) und Geschwindigkeitsbegrenzungen erlassen wurden. Ursache dieser gesetzlichen Maßnahmen war die Verknappung von Öl auf dem Weltmarkt aufgrund der Drosselung der Ölförderung durch die Organisation der arabischen Erdöl exportierenden Länder (OAPEC) während des Jom-Kippur-Krieges im Oktober 1973. Mit der Förderdrosselung sollte das Verhalten der westlichen Staaten im Zusammenhang mit diesem Krieg beeinflusst werden. Der Ölpreis stieg im Zuge der Förderdrosselung auf bis dahin nicht gekannte Rekordhöhen. Diese Entwicklung wird auch mit dem Begriff **Ölkrise** bezeichnet.
Als Reaktion auf die Ölkrise wurden in Deutschland unter anderem vielfältige Maßnahmen zur Einsparung von Energie unternommen. Die Motivation zur Einsparung von Energie bei der Beheizung von Gebäuden lag also, anders als gegenwärtig, nicht im Klimaschutz oder anderer Umweltbelange, sondern in der weltpolitisch bedingten Rohölknappheit.

6.1 Wärmeschutzverordnungen (WärmeschutzV)

Die erste **Wärmeschutzverordnung** trat am 01. November 1977 in Kraft. Sie bezog sich auf *neu* zu errichtende Wohn- und Nichtwohngebäude. Die Gebäude wurden nach ihrer Beheizung in drei Kategorien eingeteilt:

- Gebäude mit normalen Innentemperaturen
- Gebäude mit niedrigen Innentemperaturen
- Gebäude für Sport- und Versammlungszwecke

In Abhängigkeit von der Gebäudekategorie wurden zur Begrenzung des Transmissionswärmeverlustes Vorgaben bezüglich des **Wärmedurchgangskoeffizienten** aller Bauteile gemacht, die das Gebäude zur Außenluft, zum Erdreich oder zu Bereichen mit wesentlich niedrigeren Innentemperaturen abgrenzen. Der Nachweis konnte dabei auf zwei Arten vorgenommen werden:

- Berechnung eines mittleren Wärmedurchgangskoeffizienten für das Gesamtgebäude und Abgleich mit tabellierten zulässigen Höchstwerten in Abhängigkeit vom Verhältnis der wärmeabgebenden Umfassungsfläche zum Volumen
- Einhaltung von maximalen tabellierten Wärmedurchgangskoeffizienten für die einzelnen Bauteile (z. B. Außenwände mit Fenstern; Wände gegen das Erdreich etc.)

Die **zweite Wärmeschutzverordnung** trat am 1. Januar 1984 in Kraft. Sie weist im Unterschied zur ersten Wärmeschutzverordnung vor allem Verschärfungen der tabellierten maximal zulässigen Wärmedurchgangskoeffizienten auf. Eine wesentliche Neuerung ist die Aufnahme eines neuen Abschnitts über **bauliche Veränderungen an bestehenden Gebäuden**. Für bestehende Gebäude wurden Anforderungen an Bauteile formuliert, die **erstmals eingebaut oder ersetzt** werden. Für diese waren entweder bestimmte tabellierte Wärmedurchgangskoeffizienten nachzuweisen oder vorgegebene Dämmstoffdicken

einzuhalten. Die zweite Wärmeschutzverordnung nimmt also erstmals den **Gebäude*bestand*** in den Blick. Eine weitere Neuerung sind Vorgaben für den Einbau von **raumlufttechnischen Anlagen**. In Gebäuden, die mit solchen Anlagen ausgestattet werden, waren Vorgaben an den Wärmedurchgang von Fenstern im Sommer zu erfüllen.
Die dritte **Wärmeschutzverordnung** trat am 1. Januar 1995 in Kraft. Im Vergleich zu ihren beiden Vorgängern bringt sie erhebliche methodische Veränderungen. Ihr Ziel ist jetzt nicht mehr die Regelung nur des baulichen Wärmeschutzes, also des Transmissionswärmebedarfs, sondern der Jahresheizwärmebedarf. In die Ermittlung des **Jahresheizwärmebedarfs** fließen die in Tabelle 30 aufgeführten Parameter ein.

	Transmissionswärmebedarf
+	Lüftungswärmebedarf
-	interne Wärmegewinne
-	solare Wärmegewinne
=	**Heizwärmebedarf**

Tab. 30: Berechnung des Heizwärmebedarfs gemäß 3. Wärmeschutzverordnung

Die neue Methodik bildet die Entstehung des Heizwärmebedarfs differenzierter und realitätsnäher ab. Dabei spielen eben nicht nur die Wärmeverluste durch die Außenbauteile des Gebäudes eine Rolle, sondern auch die Wärmeverluste durch das Lüften. Bei der Berechnung des Lüftungswärmebedarfs werden Lüftungsanlagen mit Wärmerückgewinnung als mindernder Faktor berücksichtigt. Den Wärmeverlusten aus Transmission und Lüftung stehen Wärmegewinne aus internen Wärmequellen (außer der Heizung sowie die Sonneneinstrahlung durch die Fenster bzw. auf die Außenbauteile) eine Rolle. Die Berechnung wird durch die Berücksichtigung der gegenüber der 2. WärmeschutzV neuen Parameter Lüftungswärmebedarf, solare und interne Wärmegewinne komplexer.

Eine weitere Neuerung ist die Einführung des **Wärmebedarfsausweises**. In diesem sind die wesentlichen Ergebnisse des rechnerischen Nachweises darzustellen. Er ist Käufern und Mietern auf Verlangen vorzulegen. Die Einzelheiten zum Wärmebedarfsausweis wurden im Rahmen einer separaten allgemeinen Verwaltungsvorschrift geregelt.

6.2 Energieeinsparverordnungen (EnEV)

Die erste **Energieeinsparverordnung** trat am 1. Februar 2002 in Kraft und löste die Wärmeschutzverordnung ab. Wie die Bezeichnung schon deutlich macht, ist ihr Ansatz weiter gefasst als bei der Wärmeschutzverordnung 1995. Während dort der Jahresheizwärmebedarf zu ermitteln war, ist es bei der Energieeinsparverordnung der **Jahresprimärenergiebedarf**. In den Blick geraten nun neben dem Heizwärmebedarf auch der Energiebedarf für die **Warmwasserbereitung** und für die **Anlagentechnik (Heizung/Lüftung)**. Der vollständige Titel der Verordnung lautet daher auch „Verordnung über energiesparenden Wärmeschutz und energiesparende Anlagentechnik bei Gebäuden“. In die Energieeinsparverordnung wurde die **Heizungsanlagen-Verordnung** integriert, die es in verschiedenen Fassungen seit 1978 gab und die Vorgaben für den Einbau von Heizungen macht.

Die Einbeziehung des Energiebedarfs für die Warmwasserbereitung und die Anlagentechnik ist insofern sinnvoll, als mit immer höherer Energieeffizienz des Gebäudes der Energieverbrauch zu diesen Zwecken stärker ins Gewicht fällt. Abbildung 30 zeigt den Energieverbrauch privater Haushalte im Jahr 2019. Der Energieverbrauch für die Warmwasserbereitung mit 14,7 % stellt damit nach der Beheizung den größten Posten dar.

Der Wärmebedarfsausweis der Wärmeschutzverordnung wird, dem erweiterten Blick folgend, in der Energieeinsparverordnung 2002 in **Energiebedarfsausweis** umbenannt. Die Verordnung schuf außerdem schon die Möglichkeit, Energieverbrauchskennwerte zu ermitteln. Diese sollten für Gebäude möglich sein, für die kein Energiebedarfsausweis erstellt werden muss und für die eine verbrauchsabhängige Heizkostenabrechnung erstellt wird. Diese auf freiwilliger Basis ermittelten Energieverbrauchskennwerte sollten Kaufinteressenten oder Mietern zu Informationszwecken vorgelegt werden können.

Im Jahr 2004 erfolgte eine Überarbeitung der Energieeinsparverordnung (**EnEV 2004**), die sich im Wesentlichen auf die Anpassung an neue technische Regeln bezog, aber keine grundlegenden Änderungen beinhaltete.

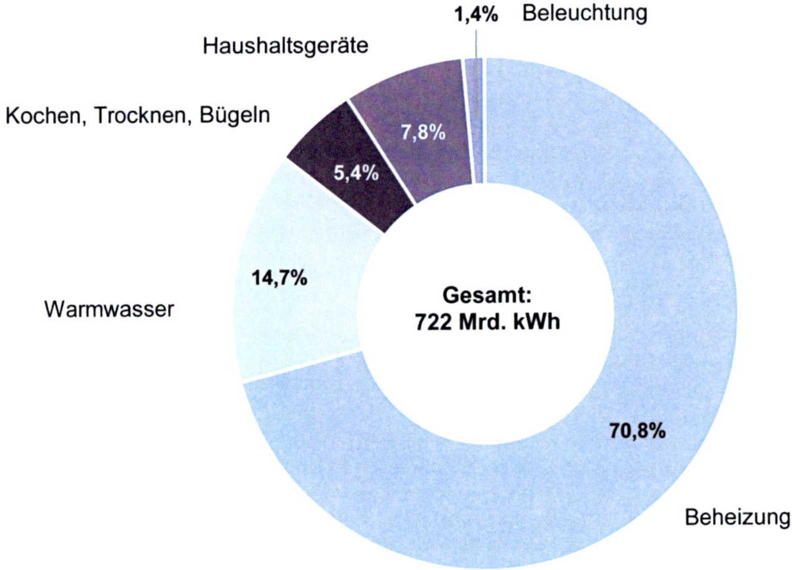

Abb. 30: Energieverbrauch in deutschen Privathaushalten im Jahr 2019 nach Anwendungsbereichen (Daten: Statistisches Bundesamt; Darstellung: Dieter Eimermacher)

Im Jahr 2007 gab es eine erneute Überarbeitung der Energieeinsparverordnung (**EnEV 2007**). Es wurden erstmals Vorgaben für den Einbau von Klimaanlagen sowie die energetische Inspektion von Klimaanlagen aufgenommen. Außerdem wurden die Energieausweise neu geregelt. Die Erstellung eines Energieausweises ist nun nicht mehr nur für neu errichtete Gebäude vorgeschrieben, sondern im Falle des Verkaufs oder der Vermietung auch für **Bestandsgebäude** zu erstellen und spätestens auf Nachfrage von Käufern oder Mietern vorzulegen. Während für Neubauten stets ein Energiebedarfsausweis zu erstellen ist, kann bei Bestandsbauten, die mindestens fünf Wohnungen aufweisen und bei deren Errichtung das Anforderungsniveau der Wärmeschutzverordnung 1977 eingehalten wurde, der Energieausweis auf Basis des Verbrauchs erstellt werden. Energieausweise für öffentliche Gebäude mit mehr als 1.000 m^2 Nutzfläche sind in den Gebäuden öffentlich auszuhängen. Die **Laufzeit** von Energieausweisen wurde auf **zehn Jahre** begrenzt. Der Ersteller des Energieausweises hat im Energieausweis in Kurzform Empfehlungen für Verbesserungen der Energieeffizienz zu geben, sofern diese kostengünstig möglich sind. Bei der Berechnung des Primärenergiebedarfs sind Primärenergiefaktoren zu berücksichtigen, mit denen der Energieverbrauch bei Herstellung und Transport des jeweiligen Energieträgers Eingang in die Berechnung findet.

Maßnahme	Erläuterung
Austausch von Heizkesseln für gasförmige oder flüssige Brennstoffe, die vor dem 1. Oktober 1978 aufgestellt worden sind.	Gilt nicht für Niedertemperaturheizkessel und Brennwertkessel und Anlagen mit einer Nennleistung von < 4 KW oder > 400 KW. Bei Ein- und Zweifamilienhäusern, in denen vom Eigentümer eine Wohnung am 1. Februar 2002 selbst bewohnt wurde, ist der Austausch erst nach einem Eigentümerwechsel mit zwei Jahren Frist zu vollziehen.
Ungedämmte Warmwasserleitungen, Wärmeverteilungsleitungen und Armaturen in nicht beheizten Räumen sind zu dämmen.	Ausnahme für am 1. Februar 2002 selbstbewohnte Ein- und Zweifamilienhäuser analog zum Heizkesselaustausch
Ungedämmte, nicht begehbare, aber zugängliche oberste Geschossdecken beheizter Räume müssen gedämmt werden (maximaler Wärmedurchgangskoeffizient: 0,30 $W/(m^2K)$.	Ausnahme für am 1. Februar 2002 selbstbewohnte Ein- und Zweifamilienhäuser analog zum Heizkesselaustausch

Tab. 31: Maßnahmen zur Nachrüstung im Gebäudebestand gemäß EnEV 2007

Mit der EnEV 2007 wurden erstmals Vorgaben für die **Nachrüstung** von Anlagen und Gebäuden gemacht. Diese Maßnahmen betreffen den

Gebäudebestand und machen Vorgaben, die – anders als noch in der 2. Wärmeschutzverordnung von 1984 – unabhängig von baulichen Veränderungen bzw. dem Austausch von Bauteilen im Rahmen von Instandhaltungsarbeiten zu machen sind. Tabelle 31 gibt die neuen Vorschriften zur Nachrüstung von Gebäuden wieder. Abbildung 32 zeigt die schrittweise Einbeziehung des Gebäudebestands in die Vorschriften zur Energieeinsparung.

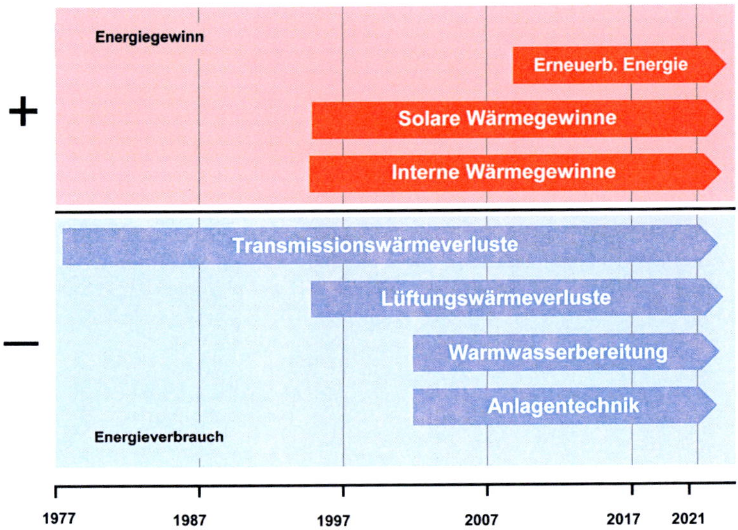

Abb. 31: Darstellung der schrittweisen Einbeziehung der verschiedenen Arten des Energieverbrauchs und Energiegewinns in die Energieeinsparvorschriften (Darstellung: Dieter Eimermacher)

Die **Energieeinsparverordnung 2009 (EnEV 2009)** umfasst im Wesentlichen Verschärfungen der Anforderungen an Neubauten. Hinsichtlich der Nachrüstung des Gebäudebestandes wird die bisherige Vorschrift zur Dämmung der nicht begehbaren, aber zugänglichen obersten Geschossdecke auch auf begehbare oberste Geschossdecken erweitert. Die Vorgaben für die Dämmung der obersten Geschossdecke sowie der Dämmung von Leitungen wird unter **Wirtschaftlichkeitsvorbehalt** gestellt. Eine Nachrüstung ist nur erforderlich, wenn die Aufwendungen durch Einsparungen in angemessener Frist erwirtschaftet werden können.

Am 1. Januar 2009 trat ergänzend zur EnEV das **Erneuerbare-Energien-Wärmegesetz (EEWärmeG)** in Kraft. Es verfolgt die Zielsetzung, den Anteil erneuerbarer Energien am Endenergieverbrauch für Wärme (Raum-, Kühl- und Prozesswärme sowie Warmwasser) bis zum Jahr 2020 auf 14 % zu erhöhen. Das Gesetz macht für Neubauten die Vorgabe, den Wärmebedarf anteilig über die Nutzung von erneuerbaren Energien zu decken. Abbildung 31 zeigt die zeitliche Abfolge der schrittweisen Einbeziehung der unterschiedlichen Arten von **Energieverbrauch** und **Energiegewinn** in die Vorschriften zur Energieeinsparung bei Gebäuden.

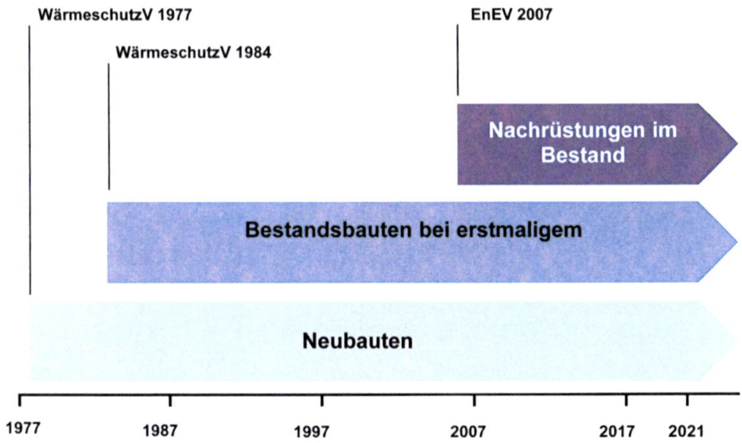

Abb. 32: Darstellung der schrittweisen Einbeziehung von Bestandsbauten in die Energieeinsparvorschriften (Darstellung: Dieter Eimermacher)

Im Jahr 2013 wurde die **Energieeinsparverordnung 2013 (EnEV 2013)** erlassen, die im Jahr 2014 und 2016 geändert wurde. Außer weiteren Verschärfungen für den Standard bei Neubauten wurde der Stichtag für die Austauschpflicht von **Heizkesseln** auf den 1. Januar 2015 vorverlegt sowie eine generelle maximale Laufzeit von Heizkesseln für flüssige und gasförmige Brennstoffe auf **30 Jahre** vorgegeben (Ausnahmen gelten für

Niedertemperaturheizkessel und Brennwertkessel). Wichtige Neuerungen gab es im Zusammenhang mit Energieausweisen. In **Immobilienanzeigen** müssen die energetischen Eckdaten gemäß Energieausweis angegeben werden, wenn zum Zeitpunkt der Aufgabe der Anzeige ein Energieausweis vorliegt. Bei Verkauf oder Vermietung ist der Energieausweis spätestens bei der Besichtigung vorzulegen. Die Energieausweise erhalten eine zentral vergebene Registriernummer. Die Energieausweise werden **stichprobenartig** vonseiten der Behörden **überprüft**.

6.3 Gebäudeenergiegesetz (GEG)

Das **Gebäudeenergiegesetz (GEG)** trat am 1. Oktober 2020 in Kraft. Es hat den Zweck, das Energieeinsparrecht zu vereinheitlichen und zusammenzuführen. Das GEG führt die folgenden Gesetze bzw. Verordnungen zusammen:

- Energieeinsparungsgesetz (EnEG)
- Erneuerbare-Energien-Wärmegesetz (EEWärmeG)
- Energieeinsparverordnung (EnEV)

Für Neubauten wird nun in Umsetzung der europäischen Gesetzgebung das **Niedrigstenergiegebäude** zum verbindlichen Mindeststandard gemacht.
Die Maßnahmen im Gebäudebestand, die auch ohne bauliche Änderungen am Bestand vorzunehmen sind (Nachrüstung), wurden nicht verschärft.
Die Pflicht zur Vorlage eines Energieausweises spätestens bei der Besichtigung eines Gebäudes, das verkauft oder vermietet werden soll, wird nun auch auf den **Immobilienmakler** erweitert. Der Käufer eines Ein- und Zweifamilienhauses muss nach Übergabe des **Energieausweises** ein informatorisches Gespräch zum Energieausweis mit einer zur Ausstellung von Energieausweisen berechtigten Person führen, wenn das Gespräch kostenlos angeboten wird. In Anlage C (Kap. 9) zu diesem Buch ist der Energieausweis nach GEG für Wohngebäude wiedergegeben.

6.4 Bilanz der Vorschriften zur Energieeinsparung bei Gebäuden

Was haben 45 Jahre Vorschriften zur Energieeinsparung bei Gebäuden gebracht? Diese Frage ist gar nicht so einfach in dem Sinne zu beantworten, dass der zulässige Energiebedarf in diesem Zeitraum um x Prozent gefallen ist. Das liegt - ohne näher auf Details eingehen zu wollen - an den zugrundeliegenden Modellen, die sich im Laufe der Zeit geändert haben, und auch daran, dass die Absenkung des zulässigen Energiebedarfes in Abhängigkeit vom Gebäudetyp auch unterschiedlich ausfällt.

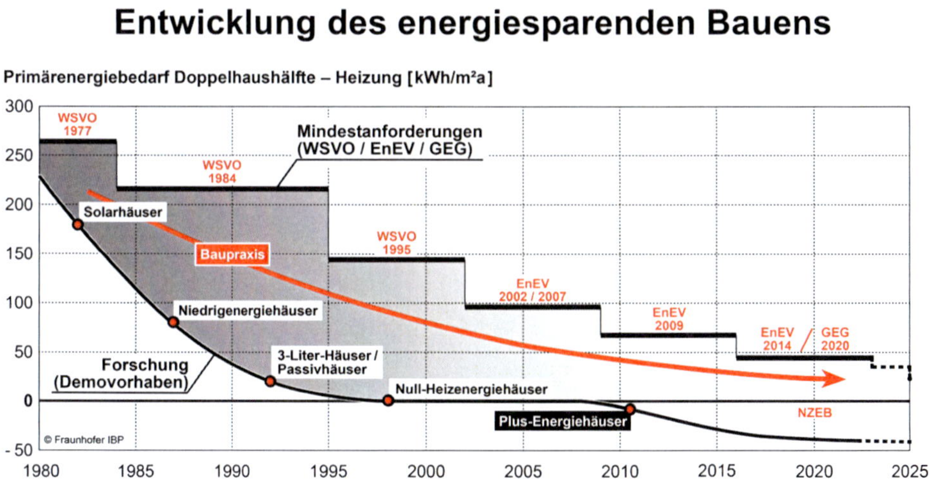

Abb. 33: Entwicklung des Primärenergiebedarfs für die Beheizung am Beispiel einer Doppelhaushälfte bei Anwendung der unterschiedlichen Energieeinsparvorschriften (© Fraunhofer IBP/Hans Erhorn)

Das Fraunhofer-Institut für Bauphysik IBP hat am Beispiel einer Doppelhaushälfte die Entwicklung des Primärenergiebedarfs auf Basis der verschiedenen Vorschriften untersucht (siehe Abb. 33). Dieser ist von der Wärmeschutzverordnung 1977 von ca. 260 kWh/(m^{2}a) um ca. 80 % auf unter 50 kWh/(m^{2}a) gesunken. Die Abbildung zeigt auch, dass technisch ab Mitte der 1990erJahre ein Passivhausstandard möglich gewesen wäre. Da damals eine entsprechende Vorgabe für Neubauten unterblieb, genügen die Gebäude aus dieser Zeit den Erfordernissen der aktuellen Klimaschutzziele bei Weitem nicht und müssen jetzt energetisch ertüchtigt werden. Es ist davon auszugehen, dass es im Rahmen der Umsetzung der novellierten EU-Gebäuderichtlinie, die aktuell noch in der Entwurfsphase ist (siehe Kap. 5.2.6), zu verbindlichen Mindestanforderungen an die Energieeffizienz von Bestandsgebäuden kommen wird.

Die Quintessenz – fassen wir doch noch einmal zusammen

Damit Sie die Problematik der Energieeinsparung bei Gebäuden in Deutschland verstehen können, ist es notwendig, sich die Entwicklungsschritte der entsprechenden Gesetzgebung sowie deren Versäumnisse klarzumachen.
Auslöser für die Bestrebungen zur Energieeinsparungen bei Gebäuden in Deutschland war die Ölkrise 1973. Die Wärmeschutzverordnung 1977, die sich nur auf Neubauten bezog, war die Reaktion auf die veränderte Situation.
Lag der Fokus anfänglich zunächst nur auf dem Wärmeverlust durch die Außenbauteile von Gebäuden, so wurde 1995 die Betrachtung auf Lüftungswärmeverluste, aber auch Wärmegewinne aus Wärmequellen innerhalb des Gebäudes sowie durch solare Einstrahlung erweitert. Mit der Energieeinsparverordnung von 2002 wurde außerdem der Energiebedarf für die Warmwasserbereitung und die Anlagentechnik regulatorisch gefasst. Der vorerst letzte Schritt ist die Schaffung des Gebäudeenergiegesetzes (GEG) im Jahr 2020, das drei Gesetze zu einem einheitlichen Energiespargesetz zusammenfasst, aber keine grundsätzlich neuen Modelle zur Energieeinsparung einführt.
Die Einbeziehung des Gebäudebestandes in die Vorgaben zur Energieeinsparung geschah zaghaft im Jahr 1984 für Einbau und Ersatz von Bauteilen. Erst 2007 wurden – recht bescheidene – Vorschriften für die anlasslose Nachrüstungen im Gebäudebestand gemacht.
Bis heute ist es der Politik nicht gelungen, ein schlüssiges nationales Konzept, bestehend aus Zielvorgaben, technischer Beratung und finanzieller Förderung, zur energetischen Sanierung des Gebäudebestandes zu machen. Dabei ist es gerade der Gebäudebestand, der die größten Sorgen im Hinblick auf die beschlossene Klimaneutralität bereitet.

7 Glossar

Altlasten

Der Begriff Altlasten stammt aus dem Bundesbodenschutzgesetz. Mit Altlasten bezeichnet man Altablagerungen und Altstandorte. Altablagerungen sind Flächen, auf denen Abfallstoffe abgelagert wurden wie z. B. ehemalige Müllkippen. Altstandorte sind Bereiche, auf denen mit umweltgefährdenden Stoffen umgegangen wurde wie z. B. ehemalige Industriegelände.

Bundesförderung für effiziente Gebäude (BEG)

Mit Beginn des Jahres 2021 ist die Bundesförderung für effiziente Gebäude (BEG) gestartet. Sie ersetzt die bestehenden Förderprogramme der Kreditanstalt für Wiederaufbau (KfW; www.kfw.de) und des Bundesamts für Wirtschaft und Ausfuhrkontrolle (BAFA; www.bafa.de). Die BEG ist in drei Teilprogramme aufgeteilt:

- Bundesförderung effiziente Gebäude – Wohngebäude (BEG WG)
- Bundesförderung effiziente Gebäude – Nichtwohngebäude (BEG NWG)
- Bundesförderung effiziente Gebäude – Einzelmaßnahmen (BEG EM)

Die Förderung soll im Rahmen der BEG über Kreditvergabe oder durch Zuschüsse vorgenommen werden. Die Kreditförderung kann zukünftig über die KfW und die Zuschussförderung über das BAFA beantragt werden.

CO_2-Äquivalent

Das CO_2-Äquivalent ist eine Maßzahl, die den Beitrag eines Treibhausgases zum Treibhauseffekt im Verhältnis zum Treibhausgas Kohlendioxid (CO_2) wiedergibt. Da die unterschiedlichen Treibhausgase in unterschiedlichem Ausmaß zum Treibhauseffekt beitragen, ist die Umrechnung in CO_2-Äquivalente erforderlich, um die Vergleichbarkeit herzustellen. Das CO_2-Äquivalent ist auch der Maßstab für die Reduktionsziele des Bundes-Klimaschutzgesetzes.

Cradle to Cradle (C2C)

Cradle to Cradle (Kurzform: C2C) heißt wörtlich übersetzt „Von der Wiege zur Wiege" und ist im Kontrast zum Ausdruck „Von der Wiege bis zur Bahre" (from the cradle to the grave) zu verstehen. Im Bereich der Bauwirtschaft ist damit die Bildung von Kreislaufwirtschaftssystemen gemeint, in denen die verwendeten Baumaterialien nach Rückbau von Gebäuden zur Ressourcenschonung wieder gleichwertig eingesetzt werden. Im Gegensatz dazu sind das Downcycling bzw. die Entsorgung von Abbruchmaterialein auf Deponien zu sehen.

Delegierte Verordnung (EU)

Auf der Ebene der EU werden Gesetze vom Europäischen Parlament und dem Rat der Europäischen Union erlassen. Im Gesetz kann die EU-Kommission als Exekutive ermächtigt werden, weitere Verordnungen zur detaillierten Regelung des jeweiligen Themas zu erlassen. Diese Verordnungen werden als delegierte Verordnungen bezeichnet. In der Taxonomie-Verordnung wurde die EU-Kommission ermächtigt, Verordnungen zu den technischen Bewertungskriterien als delegierte Verordnungen zu erlassen.

Deutsche Gesellschaft für nachhaltiges Bauen (DGNB)

Die DGNB ist ein Non-Profit-Unternehmen, das 2007 gegründet wurde und Gütesiegel für nachhaltiges Bauen im Rahmen eines Zertifizierungsverfahrens vergibt.

Endenergiebedarf

Der Endenergiebedarf ist ein Kennwert im Energieausweis gemäß Gebäudeenergiegesetz (GEG). Er gibt die nach vorgegebenen Verfahren berechnete jährlich benötigte Energiemenge für Heizung, Lüftung und Warmwasserbereitung an. Bei der Berechnung werden Standardannahmen für die Innenraumtemperatur, die Lüftung und den Warmwasserbedarf zugrunde gelegt. Der Energieausweis ist auf Basis des Endenergiebedarfs bei Neubauten sowie Mehrfamilienhäusern, die weniger als fünf Wohnungen aufweisen und bei denen der Bauantrag vor dem 1. November 1977 (Inkrafttreten Wärmeschutzverordnung) gestellt wurde, auszustellen.

Endenergieverbrauch

Der Endenergieverbrauch ist ein Kennwert im Energieausweis gemäß Gebäudeenergiegesetz (GEG). Er wird auf Basis der Heiz- und Warmwasserkostenabrechnung ermittelt. Bei Neubauten sowie Mehrfamilienhäusern, die weniger als fünf Wohnungen aufweisen und bei denen der Bauantrag vor dem 1. November 1977 (Inkrafttreten Wärmeschutzverordnung) gestellt wurde, richtet sich der Energieausweis nicht nach dem Endenergieverbrauch, sondern nach dem Endenergiebedarf.

Energieeinsparverordnung (EnEV)

Die erste Energieeinsparverordnung trat am 1. Februar 2002 in Kraft und löste die Wärmeschutzverordnung ab. Die EnEV enthält Vorgaben für den zulässigen Energiebedarf für Heizwärme, Warmwasser und Anlagentechnik (Heizung/Lüftung/Kühlung). Die EnEV wurde mehrfach novelliert und schließlich am 1. November 2020 vom Gebäudeenergiegesetz (GEG) abgelöst.

Environmental, Social and Governance (ESG)

Der Terminus Environmental, Social and Governance (ESG) lautet wörtlich übersetzt Umwelt, Soziales und Unternehmensführung. Im Rahmen der nachhaltigen Geldanlage hat sich als Umschreibung der Begriff der nachhaltigen, verantwortungsbewussten, ethischen, sozialen und ökologischen Investition durchgesetzt. Diese Definition ist nicht abschließend und kann es sinnvollerweise auch nicht sein, da sich dieses Fachgebiet fortwährend weiterentwickelt.

EU-Kommission

Die EU-Kommission mit Sitz in Brüssel ist neben dem Rat der Europäischen Union und dem Europäischen Parlament eine der drei Säulen des politischen Systems der Europäischen Union, in dem sie die Funktion der Exekutive übernimmt. Die EU-Kommission besteht aus 27 Mitgliedern (eines für jeden Mitgliedsstaat), von denen eines die Präsidentschaft innehat. Die Mitglieder werden von den Mitgliedstaaten vorgeschlagen und vom EU-Parlament als Ganzes gewählt. Der Präsident wird vom Europäischen Rat nominiert und benötigt ein Zustimmungsvotum des EU-Parlaments. Die EU-Kommission hat das Recht, Gesetzesinitiativen vorzunehmen.

European Green Deal

Der European Green Deal wurde von der EU-Kommission am 11. Dezember 2019 veröffentlicht. Es handelt sich um eine neue Wachstumsstrategie, mit der die EU zu einer fairen und wohlhabenden Gesellschaft mit einer modernen, ressourceneffizienten und wettbewerbsfähigen Wirtschaft werden soll, in der im Jahr 2050 keine Netto-Treibhausgasemissionen mehr freigesetzt werden und das Wirtschaftswachstum von der Ressourcennutzung abgekoppelt ist. Kernelement ist ein Wirtschaftswachstum, das keine Netto-Treibhausgasemissionen mehr freisetzt. Dieses Ziel soll 2050 erreicht sein.

Europa soll demzufolge als erster Kontinent klimaneutral werden. Der European Green Deal ist außerdem als integraler Bestandteil der Strategie der Europäischen Kommission zur Umsetzung der Agenda 2030 der Vereinten Nationen zu sehen.

Europäisches Parlament

Das Europäische Parlament mit Sitz in Straßburg ist neben dem Europäischen Rat und der EU-Kommission eine der drei Säulen des politischen Systems der Europäischen Union, in dem es zusammen mit dem Rat der Europäischen Union die Funktion der Legislative übernimmt. Das Europäische Parlament hat kein Initiativrecht für Gesetzgebungsverfahren. Dieses liegt bei der EU-Kommission. Das Europäische Parlament wird von den Bürgern der EU direkt gewählt.

Europäischer Rat

Der Europäische Rat ist das Gremium der Staats- und Regierungschefs der Mitgliedsstaaten der EU. Die Treffen des Europäischen Rates werden als EU-Gipfel bezeichnet. Auf den EU-Gipfeln werden Einigungen über die Leitlinien der europäischen Politik abgestimmt. Die Ergebnisse finden über die Institutionen der EU-Kommission und des Rats der Europäischen Union Eingang in die Gesetze der EU. Der Europäische Rat nominiert den Präsidenten der EU-Kommission.

Gebäudeenergiegesetz (GEG)

Das Gebäudeenergiegesetz trat am 1. November 2020 in Kraft. Es regelt den zulässigen Wärmebedarf von Gebäuden für Heizwärme, Warmwasser und Anlagentechnik (Heizung/Lüftung/Kühlung) und macht Vorgaben zur Verwendung von Energie aus erneuerbaren Energiequellen. Das GEG löste das Energieeinspargesetz, die Energieeinsparverordnung sowie das Erneuerbare-Energien-Wärmegesetz ab.

Green Lease

Als Green Lease werden von den üblichen gesetzlichen Regelungen abweichende Vereinbarungen in Mietverträgen über Gewerberäume bezeichnet, mit denen sich Mieter und Vermieter gegenseitig zu einem bestimmten Handeln, Dulden oder Unterlassen zur gemeinsamen Förderung der Nachhaltigkeit verpflichten. Neben Aspekten der nachhaltigen Nutzung und Bewirtschaftung der Immobilie können auch Schritte zur Optimierung durch bauliche Maßnahmen vereinbart werden, die der Mieter trotz temporärer Störungen seines Betriebs unterstützt.

Impact Investing

Der Begriff Impact Investing bezeichnet die Einbindung sowohl der Investition selbst als auch der daraus erwirtschafteten Rendite in den Dienst des Investitionsziels einer Organisation.

Klimaneutralität (Net Zero)

Die Klimaneutralität versteht sich als Ausgleich der Treibhausgasemissionen einerseits und deren Abbau durch sogenannte Senken andererseits. Bei den Senken handelt es sich um Abbaueffekte aus Landnutzung, Landnutzungsänderung und Forstwirtschaft. Die Klimaneutralität wird wegen des Saldos aus Emissionen und deren Abbau auch als Net Zero bezeichnet. Für die EU ist die Klimaneutralität bis 2050 vorgesehen. Für die Bundesrepublik Deutschland soll sie gemäß Zielvorgabe des Bundes-Klimaschutzgesetzes 2045 erreicht sein.

Klimaschutzgesetz (Bundes-Klimaschutzgesetz)

Das Bundes-Klimaschutzgesetz (KSG) wurde am 12. Dezember 2019 erlassen und am 18. August 2021 aufgrund eines Beschlusses des Bundesverfassungsgerichtes geändert. Das KSG legt jährliche Reduktionsziele für die sechs Sektoren Energiewirtschaft, Industrie, Gebäude, Verkehr, Landwirtschaft und Abfallwirtschaft/Sonstige bis zum Jahr 2030 fest. Für den Zeitraum von 2031 bis 2040 werden Reduktionsziele sektorübergreifend festgelegt. Bis 2045 soll in Deutschland die Klimaneutralität erreicht sein. Nach 2050 werden negative Emissionen angestrebt. Das KSG ist als zentrales Instrument zur Umsetzung der Klimaschutzziele in Deutschland anzusehen.

Klimaschutzplan 2050

Der Klimaschutzplan stellt die klimapolitischen Grundsätze und Ziele der Bundesregierung dar. Er wurde im November 2016 beschlossen. Die Bundesregierung bekräftigt im Klimaschutzplan das bereits im Jahr 2010 formulierte Ziel, die Treibhausgasemissionen bis zum Jahr 2050 um 80 bis 95 % gegenüber dem Stand von 1990 zu reduzieren.

Klimaschutzprogramm 2030

Das Klimaschutzprogramm 2030 wurde im Jahr 2019 von der Bundesregierung aufgestellt und versteht sich als Konkretisierung der Schritte zur Realisierung der im Klimaschutzplan 2050 aus dem Jahr 2016 formulierten Ziele. Beim Klimaschutzprogramm handelt es sich um ein Maßnahmenbündel, auf das sich die Bundesregierung geeinigt hat und auch als „Klimapaket" bezeichnet wird. Die Umsetzung erfolgt durch Gesetze, die selbst nicht Teil des Klimaschutzprogramms sind.

Nachhaltigkeit

Nachhaltigkeit bezeichnet den schonenden Umgang mit Ressourcen. Der Begriff hat seine Wurzeln im Bereich der Land- und Forstwirtschaft und steht für die Erkenntnis, dass man beispielsweise einem Wald nur so viel Holz entnehmen darf wie nachwachsen kann, wenn der Wald auf Dauer erhalten bleiben soll. Der Begriff der Nachhaltigkeit wurde seit den 1970er-Jahren auch auf viele Politikfelder übertragen. Von den Vereinten Nationen wurden im Jahr 2015 Ziele für eine nachhaltige Entwicklung formuliert (Sustainable Development).

Niedrigstenergiehaus (EPBD)

Die EU-Richtlinie über die Gesamtenergieeffizienz von Gebäuden (EPBD – Energy Performance of Buildings Directive) vom 19. Mai 2010, geändert am 30. Mai 2018, legt das Niedrigstenergiegebäude als Standard für Neubauten ab spätestens 31. Dezember 2020 fest. Die Umsetzung ist durch die Mitgliedsstaaten zu gewährleisten. Als Niedrigstenergiegebäude ist laut Richtlinie ein Gebäude zu verstehen, das eine sehr hohe Gesamtenergieeffizienz aufweist. Die Vorgabe des Niedrigstenergiegebäudes als Standard für Neubauten wurde in Deutschland mit dem Gebäudeenergiegesetz (GEG) umgesetzt, das am 1. November 2020 in Kraft trat.

Nullemissionshaus (EPBD)

Der Entwurf der Neufassung der EU-Richtlinie über die Gesamtenergieeffizienz von Gebäuden (EPBD – Energy Performance of Buildings Directive) vom 15. Dezember 2022 bestimmt den Standard des Nullemissionshauses ab dem 1. Januar 2030 als verpflichtend für Neubauten (öffentliche Bauten ab 01.01.2027). Das Nullemissionshaus wird definiert als ein Gebäude mit einer sehr hohen Gesamtenergieeffizienz, bei dem die noch benötigte sehr geringe Energiemenge vollständig durch am Standort erzeugte Energie aus erneuerbaren Quellen, durch eine Erneuerbare-Energie-Gemeinschaft oder durch ein Fernwärme- und Fernkältesystem gedeckt wird.

Nullenergiehaus

Das Nullenergiehaus hat einen ausgeglichenen Saldo zwischen Energieverbrauch und Energieerzeugung. Die Energieerzeugung erfolgt dabei in der Regel durch eine Photovoltaikanlage, Solarkollektoren oder Windkraft. Im Jahresverlauf kommt es temporär meist zu Unterdeckungen im Winter. Zu Erzielung einer Autarkie des Gebäudes müsste die im Sommer gegebene Überschussenergie zum Beispiel mit Batterien für den Winter gespeichert werden.

Plusenergiehaus

Das Plusenergiehaus hat einen positiven Saldo zwischen Energieverbrauch und Energiegewinnung und geht in diesem Punkt über den Standard des Nullenergiehauses hinaus.

Passivhaus

Ein Passivhaus zeichnet sich durch eine energetisch hochwertige Gebäudehülle aus, die den Transmissionswärmeverlust minimiert. Der Lüftungswärmeverlust wird durch eine Lüftungsanlage mit Wärmerückgewinnung minimiert. Passivhäuser benötigen keine konventionelle Heizung. Der Heizwärmebedarf liegt unter 15 kWh/(m^2a). Der geringe Heizwärmebedarf kann über die Lüftungsanlage gedeckt werden. Das Passivhaus funktioniert ohne aufwendige technische Einrichtungen auf Basis „passiver" Maßnahmen wie einem hohen energetischen Standard der Gebäudehülle und der Einbeziehung von solaren und internen Wärmegewinnen in das Gesamtkonzept. Der Passivhausstandard ist nicht gesetzlich normiert.

Primärenergiebedarf

Der Primärenergiebedarf ist ein Kennwert im Energieausweis gemäß Gebäudeenergiegesetz (GEG). Er berücksichtigt zusätzlich zum Endenergiebedarf eines Gebäudes auch den Energiebedarf, der sich aus der Erkundung, Gewinnung, Verteilung und Umwandlung („Vorkette") eines Energieträgers ergibt. Dieser Energiebedarf wird mithilfe von Primärenergiefaktoren für die einzelnen Energieträger in der Berechnung berücksichtigt.

Primärenergieverbrauch

Der Primärenergieverbrauch ist ein Kennwert im Energieausweis gemäß Gebäudeenergiegesetz (GEG). Er berücksichtigt zusätzlich zum Endenergieverbrauch eines Gebäudes auch den Energiebedarf, der sich aus der Erkundung, Gewinnung, Verteilung und Umwandlung („Vorkette") eines Energieträgers ergibt. Dieser Energiebedarf wird mithilfe von Primärenergiefaktoren für die einzelnen Energieträger in der Berechnung berücksichtigt.

Qualitätssiegel Nachhaltiges Gebäude (QNG)

Das Qualitätssiegel Nachhaltiges Gebäude wurde im Rahmen der Bundesförderung für effiziente Gebäude (BEG) im Juli 2021 eingeführt und stellt den erforderlichen Qualitätsnachweis für die Förderung von Effizienzhäusern der Nachhaltigkeitsklasse (NH-Klasse) dar. Die Zertifizierung wird von akkreditierten Zertifizierungsstellen (z. B. Deutsche Gesellschaft für Nachhaltiges Bauen e. V.) durchgeführt.

Rat der Europäischen Union

Der Rat der Europäischen Union (die offizielle Bezeichnung lautet lediglich „Rat") mit Sitz in Brüssel ist neben dem Europäischen Parlament und der EU-Kommission eine der drei Säulen des politischen Systems der Europäischen Union, in dem es zusammen mit dem Europäischen Parlament die Funktion der Legislative übernimmt. Der Rat setzt sich aus einem Vertreter je Staat zusammen, die bevollmächtigt sind, für ihre jeweiligen Regierungen verbindliche Entscheidungen zu treffen. Im Regelfall handelt es sich um die jeweiligen Fachminister der Regierungen der Mitgliedsstaaten. Daher wird der Rat auch als Ministerrat bezeichnet.

Sustainable Development Goals

Im Jahr 2015 wurde die „Agenda 2030 für nachhaltige Entwicklung" von der Generalversammlung der Vereinten Nationen aufgestellt. Sie enthält Ziele für insgesamt 17 Bereiche für eine nachhaltige Entwicklung.

Taxonomie-Verordnung

Die Taxonomie-Verordnung wurde am 18. Juni 2020 vom Rat der Europäischen Union und vom Europäischen Parlament erlassen. Der Anstoß für die Verordnung erfolgte durch die Mitteilung der EU-Kommission zum European Green Deal. Die Verordnung enthält Kriterien, ob eine Wirtschaftstätigkeit als ökologisch nachhaltig einzustufen ist, um damit den Grad der ökologischen Nachhaltigkeit einer Investition ermitteln zu können. Sie richtet sich an Finanzmarktteilnehmer, die Finanzprodukte bereitstellen, sowie an Unternehmen, die auf Basis von EU-Vorschriften verpflichtet sind, nichtfinanzielle Erklärungen zu veröffentlichen. Ein Kernelement der Taxonomie-Verordnung ist die Definition von sechs Umweltzielen. Für jedes Umweltziel übertragen das Europäische Parlament sowie der Europäische Rat der EU-Kommission die Aufgabe, eine delegierte Verordnung zu erlassen, die die technischen Bewertungskriterien festlegt, anhand derer bestimmt wird, ob eine Wirtschaftstätigkeit einen wesentlichen Beitrag zum jeweiligem Umweltziel leistet bzw. eines oder mehrere dieser Ziele erheblich beeinträchtigt.

Transmissionswärmeverlust

Der Transmissionswärmeverlust bezeichnet den Wärmeverlust eines Gebäudes, der durch die Wärmeleitung durch das Bauteil der Gebäudeaußenhülle bei einem Temperaturunterschied zwischen innen und außen entsteht. Er wird bei Gebäuden in der Einheit kWh/(m^2 * a) bemessen. Je geringer der Kennwert, desto weniger Wärme geht durch die Bauteile der Gebäudeaußenhülle verloren.

Treibhausgas

Treibhausgase sind Gase, die zum Treibhauseffekt in der Erdatmosphäre beitragen. Auf Ebene der Vereinten Nationen werden Kohlendioxid, Methan, Distickstoffmonoxid (Lachgas), Fluorkohlenwasserstoffe, perfluorierte Kohlenwasserstoffe, Schwefelhexafluorid und Stickstofftrifluorid als Treibhausgase benannt.

Treibhauseffekt

Der Treibhauseffekt ist nach der Wirkungsweise der in Gärtnereien genutzten Treibhäuser benannt. Durch das Glas der Wände und Dächer können dort kurzwellige Sonnenstrahlen ins Innere eindringen und erwärmen den Boden. Die erwärmte Bodenoberfläche gibt Infrarotstrahlung ab, die die Glashülle weniger gut passieren kann als die Sonneneinstrahlung. Dadurch kommt es im Innenraum des Treibhauses zur Temperaturerhöhung. Ein vergleichbarer Prozess besteht im Zusammenhang mit der Erdatmosphäre, die wie das Glas im Treibhaus wirkt. Durch die verstärkte anthropogene

Emission von sogenannten Treibhausgasen wird dieser Effekt verstärkt und führt zu einer unerwünschten Erhitzung innerhalb der Erdatmosphäre.

Wärmedurchgangskoeffizient

Der Wärmedurchgangskoeffizient ist das Maß für den Wärmedurchgang durch ein Bauteil bei einem Temperaturunterschied zwischen innen und außen. Die Maßeinheit lautet $W/(m^2 * K)$. Je niedriger der Wärmedurchgangskoeffizient eines Bauteils, desto besser ist seine Wärmedämmeigenschaft.

Wärmeschutzverordnung (WSVO)

Die erste Wärmeschutzverordnung trat am 1. November 1977 in Kraft und wurde mehrfach novelliert. Sie regelt den zulässigen Wärmebedarf für Gebäude. Die WSVO würde am 1. Februar 2002 von der Energieeinsparverordnung (EnEV) ersetzt.

UN-Klimakonferenz

Als UN-Klimakonferenzen werden die jährlich stattfindenden Konferenzen der Vertragsparteien (Conference oft the Parties – COP) der UN-Klimarahmenkonvention von Rio im Jahr 1992 bezeichnet.

8 Arbeitshilfen

A Formblatt Nachhaltigkeit Bestandsgebäude
B Formblatt Nachhaltigkeit Neubau

Die Arbeitshilfen können Sie als Leser dieses Buches auch als PDF-Datei über den abgebildeten QR-Code abrufen. Das dort abgefragte Kennwort lautet Nachhaltigkeit.

A Formblatt Nachhaltigkeit Bestandsgebäude

Nachhaltigkeit Bestandsgebäude **Blatt 1**

Bundesland	______________	Foto
PLZ, Ort	______________	
Straße, Haus-Nr.	______________	
Objektart	______________	
Baujahr	______	

1. Energieausweis	**IST**	**SOLL**	**Datum**
Energieeffizienzklasse (A+ bis H)	______	______	______
Endenergiebedarf in kWh/(m²a)	______	______	
Primärenergiebedarf in kWh/(m²a)	______	______	
Treibhausgasemissionen in kg CO_2-Äquiv. /(m²a)	______	______	

2. Gebäudeaußenhülle	**IST**	**SOLL**	**Datum**
Außenwände			
U-Wert Außenwände (Durchschnitt) in W/(m²K)	______	______	______
Mauerwerk (verputzt oder unverputzt)	☐	☐	
Holzständer- oder Fachwerkwände	☐	☐	
Wärmedämmverbundsystem	☐	☐	
Hinterlüftete, wärmegedämmte Fassade	☐	☐	
Andere: ______________	☐	☐	
Dach			
U-Wert Dach (Durchschnitt) in W/(m²K)	______	______	______
Geneigtes Dach ohne Wärmedämmung	☐		
Geneigtes Dach / Dachboden mit Wärmedämmung	☐	☐	
Flachdach ohne Wärmedämmung	☐		
Flachdach mit Wärmedämmung	☐	☐	
Fenster Außentüren			
U-Wert Fenster / Türen (Durchschnitt) in W/(m²K)	______	______	______
Zweischeibenverglasung	☐	☐	
Dreischeibenverglasung	☐	☐	
Wärmedämmung Rollladenkästen	☐	☐	

3. Heizung / Warmwasser/ Lüftung / Kühlung	**IST**	**SOLL**	**Datum**
Heizung (Art)			______
Zentralheizung	☐	☐	
Etagenheizung	☐	☐	
Einzelraumheizung	☐	☐	
Andere: ______________	☐	☐	
Heizung (Energieträger)			
Öl	☐		
Erdgas / Flüssiggas	☐		
Holzpellets	☐	☐	
Strom	☐	☐	
Andere: ______________	☐	☐	
Heizung (Wärmeverteilung)			
Heizkörper	☐	☐	
Flächenheizung (Fußbodenheizung, Wandheizung)	☐	☐	
Warmluftkanäle	☐	☐	
Andere: ______________	☐	☐	
Warmwasser			______
Zentrale Warmwasserbereitung	☐	☐	
Dezentrale Warmwasserbereitung	☐	☐	
Lüftung / Kühlung			
Zentrale Lüftungsanlage	☐	☐	
Dezentrale Lüftungsgeräte	☐	☐	
Wärmerückgewinnungsanlage	☐	☐	
Kühlungsfunktion	☐	☐	

Nachhaltigkeit Bestandsgebäude — Blatt 2

Fortsetzung Heizung / Warmwasser/ Lüftung / Kühlung

	IST	SOLL	Datum
Erneuerbare Energien (Einsatz)			______
Heizung	☐	☐	
Warmwasserbereitung	☐	☐	
Haushaltsstrom / Nutzstrom	☐	☐	
Erneuerbare Energien (Art)			
Photovoltaik	☐	☐	
Windkraft	☐	☐	
Solarkollektoren	☐	☐	
Geothermie	☐	☐	
Biogas	☐	☐	
Andere: ______________	☐	☐	

4. Wasser / Begrünung	IST	SOLL	Datum
Wasser			______
Wassersparende Armaturen	☐	☐	
Grauwassernutzung (WC-Spülung, Grünflächen)	☐	☐	
Regenwasserzisterne	☐	☐	
Begrünung / Mikroklima			______
Trockenheitsresistente Grünanlagen	☐	☐	
Dachbegrünung (Flachdach)	☐	☐	
Fassadenbegrünung	☐	☐	

5. Barrierefreiheit	IST	SOLL	Datum
Barrierefreier Gebäudezugang	☐	☐	______
Barrierefreie Bäder / WC-Anlagen	☐	☐	______
Personenaufzug (rollstuhlgerecht)	☐	☐	______
Türbreiten (rollstuhlgerecht)	☐	☐	______

6. Elektromobilität	IST	SOLL	Datum
Infrastruktur (Anschlussleistung, Kabeltrassen)	☐	☐	______
Ladestationen PKW	☐	☐	______
Ladestationen Fahrräder	☐	☐	______

7. Beseitigung Schadstoffe / Altlasten	IST	SOLL	Datum
Altlasten im Boden	☐		______
Schadstoffe im Gebäude (z.B. Asbest, PCB, Teer, alte Mineralfasern, Holzschutzmittel etc.)	☐		______

Eckdaten Projektablauf

Umfang / Dauer
- ☐ Gesamtsanierung / -modernisierung
- ☐ Teilweise Sanierung / Modernisierung
- ☐ Umsetzung in einem Zug
- ☐ Schrittweise Umsetzung

Zeitraum: ______________

Kosten / Förderung

Baukosten: ______________ Baunebenkosten: ______________

Förderung
- ☐ BEG (KfW) Höhe: ______________
- ☐ Bafa Höhe: ______________
- ☐ Landesmittel Höhe: ______________
- ☐ Andere: ______________ Höhe: ______________

Beratung / Planung
- ☐ Architekt/in
- ☐ Statiker/in
- ☐ Energieberater/in
- ☐ Bauphysiker/in
- ☐ Sachverständige/r Schadstoffe
- ☐ Andere: ______________

EU-Taxonomie
- ☐ Verringerung Primärenergiebedarf um mind 30 %

B Formblatt Nachhaltigkeit Neubau

Nachhaltigheit Neubau Blatt 1

Bundesland ____________________ **Objektart** ____________
Plz., Ort ____________________ **Wohn-/Nutzfläche** ____________
Straße, Haus-Nr. ____________________

1. Energetischer Standard

Gebäudestandard

- ☐ Plus-Energiehaus
- ☐ Passivhaus
- ☐ Null-Energiehaus
- ☐ Niedrigstenergiehaus

Energiekennwerte

Energieeffizienzklasse: __________
Endenergiebedarf: __________ kWh/(m²a)
Primärenergiebedarf: __________ kWh/(m²a)
Treibhausgasemissionen: ________ kg CO_2-Äquivalent /(m²a)

2. Baustellenmanagement

- ☐ Konzept Verringerung Lärm- und Staubbelastung
- ☐ Konzept zur Sicherstellung erhöhter Standards des Arbeitsschutzes
- ☐ Konzept zur Vermeidung von Bauabfällen
- ☐ Recycling von Baumaterialien vor Ort (z.B. aus vorheriger Bebauung)

3. Anforderungen Baumaterialien / Konstruktion

- ☐ Verstärkte Verwendung von CO_2-neutralen Materialien (z.B. Holz, Lehm, Stroh)
- ☐ Erhöhte Anforderungen an Dauerhaftigkeit / Wartungsfreiheit / Reparaturfähigkeit
- ☐ Erhöhte Anforderungen an Inneraumhygiene (keine Ausgasungen / Wohngesundheit)
- ☐ Erhöhte Anforderungen an Schallschutz

4. C2C-Qualität

- ☐ Einbeziehung bestehender Bausubstanz / Verzicht auf Abbruch
- ☐ Wiederverwendung von Bauteilen (aus Vorgängerbau oder von anderen Gebäuden)
- ☐ Recycling von Baumaterialien vor Ort (z.B. aus vorheriger Bebauung)
- ☐ Bei neuen Materialien wird auf Trennbarkeit und Wiederverwendbarkeit geachtet
- ☐ Digitaler Gebäudepass zur Dokumentation der verwendeten Bauteile

5. Energieträger / Erneuerbare Energien

Hauptenergieträger

- ☐ Strom
- ☐ Erdgas
- ☐ Holzpellets
- ☐ Andere: ____________

Einsatzfeld erneuerbarer Energien

- ☐ Beheizung
- ☐ Kühlung
- ☐ Warmwasser
- ☐ Andere: ____________

Art der eingesetzten erneuerbaren Energien

- ☐ Photovoltaik
- ☐ Geothermie
- ☐ Windkraft
- ☐ Biogas
- ☐ Solarkollektoren
- ☐ Andere: ____________

Sonstige Maßnahmen zur Energieeinsparung

- ☐ Bauteilaktivierung
- ☐ Einweisung der Nutzer in Technik
- ☐ Lüftungsanlage mit Wärmerückgewinnung
- ☐ Energieeffiziente Haustechnik
- ☐ Erdreichwärmetauscher
- ☐ Andere: ____________

Nachhaltigheit Neubau

Blatt 2

6. Wasser / Begrünung / Mikroklima

Wasser

- ☐ Wassersparende Armaturen
- ☐ Grauwassernutzung (WC-Spülung, Grünfl.)
- ☐ Regenwasserzisterne
- ☐ Andere: ____________________

Begrünung / Mikroklima

- ☐ Trockenheitsresistente Grünanlagen
- ☐ Erhaltung vorhandener Pflanzen
- ☐ Dachbegrünung (Flachdach)
- ☐ Vermeidung Versiegelung
- ☐ Fassadenbegrünung
- ☐ Andere: ____________________

7. Barrierefreiheit

- ☐ Barrierefreier Gebäudezugang
- ☐ Personenaufzug (rollstuhlgerecht)
- ☐ Barrierefreie Bäder / WC-Anlagen
- ☐ Türbreiten (rollstuhlgerecht)
- ☐ Sonstiges ____________________

8. Elektromobilität

- ☐ Kabeltrassen als Vorbereitung
- ☐ Ladestationen Fahrräder
- ☐ Ladestationen PKW
- ☐ Sonstiges ____________________

9. Anpassung an den Klimawandel

- ☐ Maßnahmen Starkregenschutz: ____________________
- ☐ Maßnahmen Hochwasserschutz: ____________________

10. Altlasten / Altstandort

- ☐ Das Grundstück ist ein Altstandort im Sinne des Bundesbodenschutzgesetzes
- ☐ Das Grundstück weist Altlasten im Sinne des Bundesbodenschutzgesetzes auf

Eckdaten Projektablauf

Dauer / Termine

Planung	Beginn: ____________	Ende: ____________
Bauausführung	Beginn: ____________	Ende: ____________

Kosten / Förderung

Baukosten: ____________________ Baunebenkosten: ____________________

Förderung

- ☐ BEG (KfW) — Höhe: ____________________
- ☐ Bafa — Höhe: ____________________
- ☐ Landesmittel — Höhe: ____________________
- ☐ Andere: ____________ — Höhe: ____________________

Beratung / Planung

- ☐ Architekt/in
- ☐ Statiker/in
- ☐ Energieberater/in
- ☐ Bauphysiker/in
- ☐ Sachverständige/r Schadstoffe
- ☐ Andere: ____________________

EU-Taxonomie

- ☐ Erfüllung Niedrigstenergiehausstandard

9 Anlagen

A Maßnahmen Klimaschutzprogramm 2030
B Technische Bewertungskriterien EU-Taxonomie-Verordnung für den Bereich Baugewerbe und Immobilien
C Energieausweis für Wohngebäude nach GEG

A Maßnahmen Klimaschutzprogramm 2030

Kapitel im Klimaschutz-programm 2030	Maßnahmentitel
3.2	**CO2-Bepreisung**
3.2.1	CO2-Bepreisung in den Sektoren Wärme und Verkehr
3.2.2	Instrument zur CO2-Bepreisung in den Sektoren Wärme und Verkehr – Nationales Emissionshandelssystem
3.2.3	Mindestpreis im EU-Emissionshandel
3.3	**Entlastung von Bürgern und Wirtschaft**
3.3.1	Senkung der Stromkosten
3.3.2	Änderung der Entfernungspauschale für Fernpendler
3.3.3	Änderung beim Wohngeld und beim Mietrecht
3.3.4	Transferleistungen
3.4	**Maßnahmen in den Sektoren**
3.4.1	**Energiewirtschaft**
3.4.1.1	Schrittweise Reduzierung und Beendigung der Kohleverstromung auf Basis der Empfehlungen der Kommission WBS
3.4.1.2	Ausbau der EE auf 65 % Anteil am Bruttostromverbrauch bis 2030
3.4.1.3	Weiterentwicklung und umfassende Modernisierung der KWK
3.4.1.4	Wärmenetze zunehmend auf erneuerbare Energien und unvermeidbare Abwärme umstellen
3.4.1.5	Reallabore der Energiewende
3.4.1.6	Energieeffizienzstrategie 2050 (EffSTRA)
3.4.1.7	Begleitmaßnahmen Energiewende
3.4.1.8	EU-Kooperation
3.4.1.9	Investitionsprogramm – Energieeffizienz und Prozesswärme aus erneuerbaren Energien in der Wirtschaft
3.4.2	**Gebäude**
3.4.2.1	Steuerliche Förderung der energetischen Gebäudesanierung
3.4.2.2	Bundesförderung für effiziente Gebäude (BEG) einschließlich einer Austauschprämie für Ölheizungen
3.4.2.3	Förderung der seriellen Sanierung
3.4.2.4	Energetische Stadtsanierung
3.4.2.5	Energieberatung und Öffentlichkeitsarbeit
3.4.2.6	Vorbildfunktion Bundesgebäude
3.4.2.7	Weiterentwicklung des energetischen Standards
3.4.2.8	Klimaschutz durch städtische Nachverdichtung
3.4.2.9	Fortentwicklung des Innovationsprogramms Zukunft Bau
3.4.2.10	Energieeffizienzstrategie 2050 (EffSTRA)
3.4.3	**Verkehr**
3.4.3.1	Stärkung des Schienenpersonenverkehrs (Handlungsfeld „ÖV, Rad- und Fußverkehr")
3.4.3.2	Attraktivität des ÖPNV erhöhen (Handlungsfeld „ÖV, Rad und Fußverkehr")
3.4.3.3	Ausbau von Radwegen und Fahrradparkmöglichkeiten sowie Verbesserung der Rahmenbedingungen (Handlungsfeld „ÖV, Rad- und Fußverkehr")
3.4.3.4	Entwicklung strombasierter Kraftstoffe (Handlungsfeld „Alternative Kraftstoffe")
3.4.3.5	Unterstützung fortschrittlicher Biokraftstoffe (Handlungsfeld „Alternative Kraftstoffe")
3.4.3.6	Stärkung des Schienengüterverkehrs (Handlungsfeld „Güterverkehr")
3.4.3.7	Modernisierung der Binnenschifffahrt und Nutzung von Landstrom in Häfen (Handlungsfeld „Güterverkehr")
3.4.3.8	CO2-arme PKW auf die Straße bringen (Handlungsfeld „PKW")
3.4.3.9	Tank- und Ladeinfrastruktur ausbauen (Handlungsfeld „PKW")
3.4.3.10	CO2-arme LKW auf die Straße bringen (Handlungsfeld „Nutzfahrzeuge")
3.4.3.11	Tank-, Lade- und Oberleitungsinfrastruktur ausbauen (Handlungsfeld „Nutzfahrzeuge")
3.4.3.12	Verkehr automatisieren, vernetzen, verflüssigen, innovative Mobilitätsformen ermöglichen (Handlungsfeld „Digitalisierung")
3.4.3.13	Steuerliche Förderung der Elektromobilität (Jahressteuergesetz 2019)

Kapitel im Klimaschutz-programm 2030	Maßnahmentitel
3.4.4	**Industrie**
3.4.4.1	Investitionsprogramm – Energieeffizienz und Prozesswärme aus erneuerbaren Energien in der Wirtschaft
3.4.4.2	Wettbewerbliche Ausschreibungen für Energieeffizienz: Förderprogramm
3.4.4.3	Ressourceneffizienz und -substitution
3.4.4.4	Neue Konstruktionstechniken und Werkstoffe für eine emissionsarme Industrie
3.4.4.5	Beschleunigte Umsetzung von Maßnahmen aus dem Energieaudit und den Energiemanagementsystemen (EMS) und wirksame Fortschreibung des Spitzenausgleichs
3.4.4.6	EU-Ökodesign-Richtlinie – Ausweitung von Mindeststandards
3.4.4.7	EU-ETS Innovationsfonds: Weiterentwicklung des NER300-Programms
3.4.4.8	Nationales Dekarbonisierungsprogramm
3.4.4.9	Programm CO2-Vermeidung und -Nutzung in Grundstoffindustrien
3.4.4.10	Automobilindustrie: Industrielle Fertigung für mobile und stationäre Energiespeicher (Batteriezellfertigung)
3.4.5	**Landwirtschaft**
3.4.5.1	Senkung der Stickstoffüberschüsse einschließlich Minderung der Ammoniakemissionen und gezielte Verminderung der Lachgasemissionen sowie Verbesserung der Stickstoffeffizienz
3.4.5.2	Stärkung der Vergärung von Wirtschaftsdüngern tierischer Herkunft und landwirtschaftlichen Reststoffen
3.4.5.3	Ausbau des Ökolandbaus
3.4.5.4	Verringerung der Treibhausgasemissionen in der Tierhaltung
3.4.5.5	Energieeffizienz in der Landwirtschaft
3.4.6	**Sonstige Maßnahmen**
3.4.6.1	Förderprogramm zur Ausweitung der Deponiebelüftung und Optimierung der Gasfassung
3.4.7	**Landnutzung, Landnutzungsänderung und Forstwirtschaft**
3.4.7.1	Humuserhalt und -aufbau im Ackerland
3.4.7.2	Erhalt von Dauergrünland
3.4.7.3	Schutz von Moorböden einschließlich Reduzierung der Torfverwendung in Kultursubstraten
3.4.7.4	Erhalt und nachhaltige Bewirtschaftung der Wälder und Holzverwendung
3,5	**Übergreifende Maßnahmen**
3.5.1	Klimaneutrale Bundesverwaltung bis 2030
3.5.2	Finanzpolitik / Sustainable Finance
3.5.3	Forschung und Innovation
3.5.4	Klimaschutz und Gesellschaft

B Technische Bewertungskriterien EU-Taxonomie-Verordnung für den Bereich 7: Baugewerbe und Immobilien

7.1 Neubau

Beschreibung der Tätigkeit

Entwicklung von Bauprojekten für Wohn- und Nichtwohngebäude durch Zusammenführung finanzieller, technischer und materieller Mittel zur Realisierung der Bauprojekte für den späteren Verkauf sowie Bau vollständiger Wohn- oder Nichtwohngebäude auf eigene Rechnung zum Weiterverkauf oder auf Honorar- oder Vertragsbasis.

Die Wirtschaftstätigkeiten in dieser Kategorie können gemäß der mit der Verordnung (EG) Nr. 1893/2006 aufgestellten statistischen Systematik der Wirtschaftszweige mehreren NACE-Codes, insbesondere F.41.1 und F.41.2, die auch Tätigkeiten mit dem NACE-Code F.43 umfassen, zugeordnet werden.

Technische Bewertungskriterien

Wesentlicher Beitrag zum Klimaschutz

Errichtung neuer Gebäude, für die Folgendes gilt:

1. Der Primärenergiebedarf (PEB) (281), mit dem die Gesamtenergieeffizienz des errichteten Gebäudes definiert wird, liegt mindestens 10 % unter dem Schwellenwert, der in den Anforderungen für Niedrigstenergiegebäude gemäß den nationalen Maßnahmen zur Umsetzung der Richtlinie 2010/31/EU des Europäischen Parlaments und des Rates (282) festgelegt ist. Die Gesamtenergieeffizienz wird anhand eines Ausweises über die Gesamtenergieeffizienz (Energy Performance Certificate, EPC) zertifiziert.
2. Bei Gebäuden mit einer Fläche von mehr als 5.000 m² (283) wird das Gebäude bei Fertigstellung auf Luftdichtheit und thermische Integrität (284) geprüft, wobei jegliche Abweichungen von der in der Planungsphase festgelegten Effizienz oder Defekte an der Gebäudehülle Investoren und Kunden gegenüber offengelegt werden. Eine andere Möglichkeit sind robuste und nachvollziehbare Verfahren zur Qualitätsprüfung während des Bauvorgangs; dies ist eine annehmbare Alternative zur Prüfung der thermischen Integrität.
3. Bei Gebäuden mit einer Fläche von mehr als 5.000 m² (285) wurde das Lebenszyklus-Treibhauspotenzial (GWP) (286) des errichteten Gebäudes für jede Phase im Lebenszyklus berechnet und wird gegenüber Investoren und Kunden auf Nachfrage offengelegt.

Vermeidung wesentlicher Beeinträchtigungen		
2)	Anpassung an den Klimawandel	Die Tätigkeit erfüllt die Kriterien in Anlage A zu diesem Anhang.
3)	Nachhaltige Nutzung und Schutz von Wasser- und Meeresressourcen	Sofern installiert, außer bei Installationen in Wohngebäudeeinheiten, wird der angegebene Wasserverbrauch für die folgenden sanitärtechnischen Geräte durch Produktdatenblätter, ein Bauzertifikat oder eine in der Union bestehende Produktkennzeichnung gemäß den technischen Spezifikationen in Anlage E zum Anhang I der vorliegenden Verordnung bescheinigt: (a) Wasserhähne an Handwaschbecken und Spülenarmaturen haben einen maximalen Wasserdurchfluss von 6 Litern/min; (b) Duschen haben einen maximalen Wasserdurchfluss von 8 Litern/min; (c) Toiletten, einschließlich WC-Anlagen, Becken und Spülkästen, haben ein volles Spülvolumen von höchstens 6 Litern und ein durchschnittliches Spülvolumen von höchstens 3,5 Litern; (d) Urinale verwenden höchstens 2 Liter/Becken/Stunde. Das volle Spülvolumen von Spülurinalen beträgt höchstens 1 Liter. Um Wechselwirkungen mit der Baustelle zu vermeiden, erfüllt die Tätigkeit die Kriterien in Anlage B zu diesem Anhang.
4)	Übergang zu einer Kreislaufwirtschaft	Ein Massenanteil von mindestens 70 % der auf der Baustelle anfallenden nicht gefährlichen Bau- und Abbruchabfälle (ausgenommen natürlich vorkommende Materialien, die in Kategorie 17 05 04 des mit der Entscheidung 2000/532/EG der Kommission festgelegten europäischen Abfallverzeichnisses fallen) wird gemäß der Abfallhierarchie und gemäß dem EU- Protokoll über die Bewirtschaftung von Bau- und Abbruchabfällen (287) für die Wiederverwendung, das Recycling und eine sonstige stoffliche Verwertung, einschließlich Auffüllarbeiten, bei denen Abfälle als Ersatz für andere Materialien zum Einsatz kommen, vorbereitet. Gemäß dem EU-Protokoll über die Bewirtschaftung von Bau- und Abbruchabfällen begrenzen die Betreiber das Abfallaufkommen bei Bau- und Abbruchprozessen, und zwar unter Berücksichtigung der besten verfügbaren Techniken und unter Anwendung selektiver Abbruchverfahren, um die Beseitigung und die sichere Handhabung von gefährlichen Stoffen zu ermöglichen und die Wiederverwendung und ein hochwertiges Recycling durch die selektive Beseitigung von Materialien zu erleichtern, wobei verfügbare Sortiersysteme für Bau- und Abbruchabfälle zum Einsatz kommen. Durch die Auslegung der Gebäude und die Bautechnik wird die Kreislaufwirtschaft unterstützt und anhand der Norm ISO 20887 (288) oder anderer Normen für die Bewertung der Demontage- oder Anpassungsfähigkeit von Gebäuden wird nachgewiesen, dass die Auslegung die Ressourceneffizienz, Anpassungsfähigkeit, Flexibilität und Demontagefähigkeit erhöht und somit Wiederverwendung und Recycling ermöglicht.
5)	Vermeidung und Verminderung der Umweltverschmutzung	Baubestandteile und Baustoffe erfüllen die Kriterien in Anlage C zu diesem Anhang. Baubestandteile und Baustoffe, mit denen Bewohner in Berührung kommen können (289), emittieren weniger als 0,06 mg Formaldehyd pro m 3 Baustoff oder Bestandteil nach Prüfung gemäß den Bedingungen in Anhang XVII der Verordnung (EG) Nr. 1907/2006 und weniger als 0,001 mg andere krebserregende flüchtige organische Verbindungen der Kategorien 1A und 1B pro m 3 Baustoff oder Bestandteil nach Prüfung gemäß CEN/EN 16516 (290) oder ISO 16000-3:2011 (291) oder anderen gleichwertigen genormten Prüfbedingungen und -methoden (292). Befindet sich der Neubau auf einem potenziell schadstoffbelasteten Standort (brachliegende Flächen), wurde der Standort einer Untersuchung auf potenzielle Schadstoffe unterzogen, z. B. anhand der Norm ISO 18400 (293). Es werden Maßnahmen getroffen, um Lärm-, Staub- und Schadstoffemissionen während der Bau- oder Wartungsarbeiten zu verringern.
6)	Schutz und Wiederherstellung der Biodiversität und der Ökosysteme	Die Tätigkeit erfüllt die Kriterien in Anlage D zu diesem Anhang. Der Neubau wurde nicht errichtet auf: (a) Acker- und Kulturflächen mit mittlerer bis hoher Bodenfruchtbarkeit und unterirdischer biologischer Vielfalt gemäß der in der EU durchgeführten LUCAS-Erhebung (294); (b) unbebautem Land mit anerkanntem hohen Wert hinsichtlich der biologischen Vielfalt und Flächen, die als Lebensräume gefährdeter Arten (Flora und Fauna) dienen, die auf der Europäischen Roten Liste (295) oder der Roten Liste der IUCN (296) aufgeführt sind; (c) Flächen, die der im nationalen Treibhausgasinventar verwendeten Definition für „Wald“ nach nationalem Recht oder, falls keine solche Definition vorliegt, der Definition der FAO für „Wald“ (297) entsprechen.

Vermeidung wesentlicher Beeinträchtigungen

(281) Die berechnete Energiemenge, die zur Deckung des Energiebedarfs im Zusammenhang mit der typischen Nutzung eines Gebäudes benötigt wird, ausgedrückt durch einen numerischen Indikator für den gesamten Primärenergieverbrauch in kWh/m² pro Jahr, auf der Grundlage der einschlägigen nationalen Berechnungsmethode und gemäß dem EPC.

(282) Richtlinie 2010/31/EU des Europäischen Parlaments und des Rates vom 19. Mai 2010 über die Gesamtenergieeffizienz von Gebäuden (ABl. L 153 vom 18.6.2010, S. 13).

(283) Bei Wohngebäuden erfolgt die Prüfung anhand einer repräsentativen Auswahl von Wohnraum-/Wohnungstypen.

(284) Die Prüfung erfolgt gemäß EN 13187 (Wärmetechnisches Verhalten von Gebäuden – Nachweis von Wärmebrücken in Gebäudehüllen – Infrarot-verfahren) und EN 13829 (Wärmetechnisches Verhalten von Gebäuden. Bestimmung der Luftdurchlässigkeit von Gebäuden. Differenzdruckverfahren) oder gleichwertigen Normen, die von der jeweiligen Bauprüfstelle, in deren Gebiet sich das Gebäude befindet, akzeptiert werden.

(285) Bei Wohngebäuden erfolgen die Berechnung und Offenlegung anhand einer repräsentativen Auswahl von Wohnraum-/Wohnungstypen.

(286) Das GWP wird als numerischer Indikator für jede Lebenszyklusphase angegeben, ausgedrückt in Kilogramm CO2 -Äquivalent pro Quadratmeter (innere Nutzfläche), gemittelt für ein Jahr eines Bezugszeitraums von 50 Jahren. Die Datenauswahl, die Szenariodefinition und die Berechnungen erfolgen gemäß EN 15978 (BS EN 15978:2011. Nachhaltigkeit von Bauwerken. Bewertung der umweltbezogenen Qualität von Gebäuden. Berechnungsmethode). Der Umfang der Gebäudekomponenten und der technischen Ausrüstung entspricht der Definition für den Indikator 1.2 des gemeinsamen Level(s)-Rahmen der EU. Sofern ein nationales Berechnungsinstrument vorliegt oder für die Offenlegung oder die Erteilung von Baugenehmigungen erforderlich ist, kann das entsprechende Instrument genutzt werden, um die erforderliche Offenlegung zu ermöglichen. Andere Berechnungsinstrumente können verwendet werden, wenn sie die im gemeinsamen Level(s)-Rahmen der EU festgelegten Mindestkriterien erfüllen (Version vom 4.6.2021): https://susproc.jrc.ec.europa.eu/product-bureau/product-groups/412/documents), siehe Leitfaden für den Indikator 1.2.

(287) EU Construction and Demolition Waste Protocol (Version vom 4.6.2021): https://ec.europa.eu/growth/content/eu-construction-and-demolition-waste-protocol-0_en.

(288) ISO 20887:2020, Nachhaltigkeit von Gebäuden und Ingenieurbauwerken – Planung der Rückbaubarkeit und Anpassbarkeit – Grundsätze, Anforderungen und Leitlinien (Version vom 4.6.2021): https://www.iso.org/standard/69370.html.

(289) Anwendbar auf Farben und Lacke, Deckenfliesen, Bodenbeläge, einschließlich zugehöriger Klebstoffe und Dichtungsmassen, Innenisolierung und Oberflächenbehandlung im Innenbereich, z. B. zur Behandlung von Feuchtigkeit und Schimmel.

(290) CEN/TS 16516: 2013, Bauprodukte – Bewertung der Freisetzung von gefährlichen Stoffen – Bestimmung von Emissionen in die Innenraumluft.

(291) ISO 16000-3:2011, Innenraumluftverunreinigungen – Teil 3: Messen von Formaldehyd und anderen Carbonylverbindungen in der Innenraumluft und Prüfkammern – Probenahme mit einer Pumpe (Version vom 4.6.2021): https://www.iso.org/standard/51812. html.

(292) Die Emissionsgrenzwerte für krebserregende flüchtige organische Verbindungen beziehen sich auf einen Prüfzeitraum von 28 Tagen.

(293) ISO 18400-Normenreihe: Bodenbeschaffenheit – Probenahme.

(294) JRC ESDCA, LUCAS: Flächenstichprobenerhebung über die Bodennutzung und -bedeckung (Version vom 4.6.2021): https://esdac.jrc.ec.europa.eu/projects/lucas.

(295) IUCN, The IUCN European Red List of Threatened Species (Europäische Rote Liste gefährdeter Arten der IUCN) (Version vom 4.6.2021): https://www.iucn.org/regions/europe/our-work/biodiversity-conservation/european-red-list-threatened-species.

(296) IUCN, The IUCN Red List of Threatened Species (Rote Liste gefährdeter Arten der IUCN) (Version vom 4.6.2021): https://www.iucnredlist.org.

(297) Flächen von mehr als 0,5 Hektar mit über fünf Meter hohen Bäumen und einem Überschirmungsgrad von mehr als zehn Prozent oder mit Bäumen, die auf dem jeweiligen Standort diese Werte erreichen können. Flächen, die vorrangig zu landwirtschaftlichen oder städtischen Zwecken genutzt werden, fallen nicht unter diesen Begriff, FAO Global Forest Resources Assessment 2020. Terms and definitions (Globale Waldflächenbilanz 2020 der FAO. Begriffsbestimmungen.); (Version vom 4.6.2021): http://www.fao.org/3/ I8661EN/i8661en.pdf.

7.2 Renovierung bestehender Gebäude

Beschreibung der Tätigkeit

Hoch- und Tiefbauarbeiten oder deren Vorbereitung.

Die Wirtschaftstätigkeiten in dieser Kategorie können gemäß der mit der Verordnung (EG) Nr. 1893/2006 aufgestellten statistischen Systematik der Wirtschaftszweige mehreren NACE-Codes, insbesondere F.41 und F.43, zugeordnet werden.

Eine Wirtschaftstätigkeit in dieser Kategorie ist eine Übergangstätigkeit gemäß Artikel 10 Absatz 2 der Verordnung (EU) 2020/852, wenn sie die in diesem Abschnitt dargelegten technischen Bewertungskriterien erfüllt.

Technische Bewertungskriterien

Wesentlicher Beitrag zum Klimaschutz

Die Gebäuderenovierung entspricht den geltenden Anforderungen an größere Renovierungen (298).

Alternativ führt sie zu einer Verringerung des Primärenergiebedarfs um mindestens 30 % (299).

Vermeidung wesentlicher Beeinträchtigungen

2.	Anpassung an den Klimawandel	Die Tätigkeit erfüllt die Kriterien in Anlage A zu diesem Anhang.
3.	Nachhaltige Nutzung und Schutz von Wasser- und Meeresressourcen	Sofern installiert, außer bei Installationen in Wohngebäudeeinheiten, wird der angegebene Wasserverbrauch für die folgenden sanitärtechnischen Geräte durch Produktdatenblätter, ein Bauzertifikat oder eine in der Union bestehende Produktkennzeichnung gemäß den technischen Spezifikationen in Anlage E zum Anhang I der vorliegenden Verordnung bescheinigt: a) Wasserhähne an Handwaschbecken und Spülenarmaturen haben einen maximalen Wasserdurchfluss von 6 Litern/min.; b) Duschen haben einen maximalen Wasserdurchfluss von 8 Litern/min.; c) Toiletten, einschließlich WC-Anlagen, Becken und Spülkästen, haben ein volles Spülvolumen von höchstens 6 Litern und ein durchschnittliches Spülvolumen von höchstens 3,5 Litern; d) Urinale verwenden höchstens 2 Liter/Becken/Stunde. Das volle Spülvolumen von Spülurinalen beträgt höchstens ein Liter.
4.	Übergang zu einer Kreislaufwirtschaft	Ein Massenanteil von mindestens 70 % der auf der Baustelle anfallenden nicht gefährlichen Bau- und Abbruchabfälle (ausgenommen natürlich vorkommende Materialien, die in Kategorie 17 05 04 des mit der Entscheidung 2000/532/EG der Kommission festgelegten europäischen Abfallverzeichnisses fallen) wird gemäß der Abfallhierarchie und gemäß dem EU-Protokoll über die Bewirtschaftung von Bau- und Abbruchabfällen (300) für die Wiederverwendung, das Recycling und eine sonstige stoffliche Verwertung, einschließlich Auffüllarbeiten, bei denen Abfälle als Ersatz für andere Materialien zum Einsatz kommen, vorbereitet. Gemäß dem EU-Protokoll über die Bewirtschaftung von Bau- und Abbruchabfällen begrenzen die Betreiber das Abfallaufkommen bei Bau- und Abbruchprozessen, und zwar unter Berücksichtigung der besten verfügbaren Techniken und unter Anwendung selektiver Abbruchverfahren, um die Beseitigung und die sichere Handhabung von gefährlichen Stoffen zu ermöglichen und die Wiederverwendung und ein hochwertiges Recycling durch die selektive Beseitigung von Materialien zu erleichtern, wobei verfügbare Sortiersysteme für Bau- und Abbruchabfälle zum Einsatz kommen. Durch die Auslegung der Gebäude und die Bautechnik wird die Kreislaufwirtschaft unterstützt und anhand der Norm ISO 20887 (301) oder anderer Normen für die Bewertung der Demontage- oder Anpassungsfähigkeit von Gebäuden wird nachgewiesen, dass die Auslegung die Ressourceneffizienz, Anpassungsfähigkeit, Flexibilität und Demontagefähigkeit erhöht und somit Wiederverwendung und Recycling ermöglicht.
5.	Vermeidung und Verminderung der Umweltverschmutzung	Baubestandteile und Baustoffe erfüllen die Kriterien in Anlage C zu diesem Anhang. Baubestandteile und Baustoffe, mit denen Bewohner in Berührung kommen können (302), emittieren weniger als 0,06 mg Formaldehyd pro m 3 Baustoff oder Bestandteil nach Prüfung gemäß den Bedingungen in Anhang XVII der Verordnung (EG) Nr. 1907/2006 und weniger als 0,001 mg andere krebserregende flüchtige organische Verbindungen der Kategorien 1A und 1B pro m^3 Baustoff oder Bestandteil nach Prüfung gemäß CEN/EN 16516 oder ISO 16000-3 (303) oder anderen gleichwertigen genormten Prüfbedingungen und -methoden (304). Es werden Maßnahmen getroffen, um Lärm-, Staub- und Schadstoffemissionen während der Bau- oder Wartungsarbeiten zu verringern.
6.	Schutz und Wiederherstellung der Biodiversität und der Ökosysteme	Keine Angabe

(298) Gemäß den anwendbaren nationalen und regionalen Bauvorschriften für „größere Renovierungen" zur Umsetzung der Richtlinie 2010/31/EU. Die Gesamtenergieeffizienz des Gebäudes oder des renovierten Teils entspricht den kostenoptimalen Mindestanforderungen an die Gesamtenergieeffizienz gemäß der genannten Richtlinie.

(299) Der ursprüngliche Primärenergiebedarf und die geschätzte Verbesserung beruhen auf einer detaillierten Gebäudeaufnahme, einem Energieaudit, das von einem akkreditierten unabhängigen Sachverständigen durchgeführt wird, oder einer anderen transparenten und verhältnismäßigen Methode und werden mittels eines EPC validiert. Die Verbesserung um 30 % ergibt sich aus einer tatsächlichen Verringerung des PEB (wobei die Verringerung des Nettoprimärenergiebedarfs an Energie aus erneuerbaren Quellen nicht berücksichtigt wird) und kann durch eine Reihe von Maßnahmen innerhalb von höchstens drei Jahren erreicht werden.

(300) EU Construction and Demolition Waste Protocol (Version vom 4.6.2021): https://ec.europa.eu/growth/content/eu-construction-and-demolition-waste-protocol-0_en.

(301) ISO 20887:2020, Nachhaltigkeit von Gebäuden und Ingenieurbauwerken – Planung der Rückbaubarkeit und Anpassbarkeit – Grundsätze, Anforderungen und Leitlinien (Version vom 4.6.2021): https://www.iso.org/standard/69370.html.

(302) Anwendbar auf Farben und Lacke, Deckenfliesen, Bodenbeläge (einschließlich zugehöriger Klebstoffe und Dichtungsmassen), Innenisolierung und Oberflächenbehandlung im Innenbereich (z. B. zur Behandlung von Feuchtigkeit und Schimmel).

(303) ISO 16000-3:2011, Innenraumluftverunreinigungen – Teil 3: Messen von Formaldehyd und anderen Carbonylverbindungen in der Innenraumluft und Prüfkammern – Probenahme mit einer Pumpe (Version vom 4.6.2021): https://www.iso.org/standard/ 51812.html.

(304) Die Emissionsgrenzwerte für krebserregende flüchtige organische Verbindungen beziehen sich auf einen Prüfzeitraum von 28 Tagen.

7.7 Erwerb von und Eigentum an Gebäuden

Beschreibung der Tätigkeit

Erwerb von Immobilien und Ausübung des Eigentums an diesen Immobilien.

Die Wirtschaftstätigkeiten in dieser Kategorie können gemäß der mit der Verordnung (EG) Nr. 1893/2006 aufgestellten statistischen Systematik der Wirtschaftszweige dem NACE-Code L.68 zugeordnet werden.

Technische Bewertungskriterien

Wesentlicher Beitrag zum Klimaschutz

1. Gebäude, die vor dem 31. Dezember 2020 gebaut wurden, besitzen mindestens einen EPC der Klasse A. Alternativ gehört das Gebäude zu den oberen 15 % des nationalen oder regionalen Gebäudebestands, ausgedrückt durch den Primärenergiebedarf im Betrieb und belegt anhand geeigneter Nachweise, in denen mindestens die Energieeffizienz der betreffenden Immobilie und die Energieeffizienz des vor dem 31. Dezember 2020 gebauten nationalen oder regionalen Gebäudebestands miteinander verglichen werden und mindestens zwischen Wohn- und Nichtwohngebäuden differenziert wird.
2. Gebäude, die vor dem 31. Dezember 2020 gebaut wurden, besitzen mindestens einen EPC der Klasse A. Alternativ gehört das Gebäude zu den oberen 15 % des nationalen oder regionalen Gebäudebestands, ausgedrückt durch den Primärenergiebedarf im Betrieb und belegt anhand geeigneter Nachweise, in denen mindestens die Energieeffizienz der betreffenden Immobilie und die Energieeffizienz des vor dem 31. Dezember 2020 gebauten nationalen oder regionalen Gebäudebestands miteinander verglichen werden und mindestens zwischen Wohn- und Nichtwohngebäuden differenziert wird.
3. Handelt es sich bei dem Gebäude um ein großes Nichtwohngebäude (mit einer Nennleistung für Heizungsanlagen, kombinierte Raumheizung und -lüftung, Klimaanlagen oder kombinierte Klima- und Lüftungsanlagen von mehr als 290 kW), wird es durch Überwachung und Bewertung der Energieeffizienz effizient betrieben (305).

Vermeidung wesentlicher Beeinträchtigungen

2)	Anpassung an den Klimawandel	Die Tätigkeit erfüllt die Kriterien in Anlage A zu diesem Anhang.
3)	Nachhaltige Nutzung und Schutz von Wasser- und Meeresressourcen	Keine Angabe
4)	Übergang zu einer Kreislaufwirtschaft	Keine Angabe
5)	Vermeidung und Verminderung der Umweltverschmutzung	Keine Angabe
6)	Schutz und Wiederherstellung der Biodiversität und der Ökosysteme	Keine Angabe

(305) Dies kann beispielsweise durch das Bestehen eines Energieleistungsvertrags oder eines Systems für die Gebäudeautomatisierung und -steuerung gemäß Artikel 14 Absatz 4 und Artikel 15 Absatz 4 der Richtlinie 2010/31/EU nachgewiesen werden.

C Energieausweis Wohngebäude nach GEG

ENERGIEAUSWEIS für Wohngebäude

gemäß den §§ 79 ff. Gebäudeenergiegesetz (GEG) vom [1]

Gültig bis: Registriernummer: (1)

Gebäude

Gebäudetyp			Gebäudefoto (freiwillig)
Adresse			
Gebäudeteil [2]			
Baujahr Gebäude [3]			
Baujahr Wärmeerzeuger [3, 4]			
Anzahl der Wohnungen			
Gebäudenutzfläche (A_N)		☐ nach § 82 GEG aus der Wohnfläche ermittelt	
Wesentliche Energieträger für Heizung [3]			
Wesentliche Energieträger für Warmwasser [3]			
Erneuerbare Energien	Art:	Verwendung:	
Art der Lüftung [3]	☐ Fensterlüftung ☐ Schachtlüftung	☐ Lüftungsanlage mit Wärmerückgewinnung ☐ Lüftungsanlage ohne Wärmerückgewinnung	
Art der Kühlung [3]	☐ Passive Kühlung ☐ Gelieferte Kälte	☐ Kühlung aus Strom ☐ Kühlung aus Wärme	
Inspektionspflichtige Klimaanlagen [5]	Anzahl:	Nächstes Fälligkeitsdatum der Inspektion:	
Anlass der Ausstellung des Energieausweises	☐ Neubau ☐ Vermietung/Verkauf	☐ Modernisierung (Änderung/Erweiterung)	☐ Sonstiges (freiwillig)

Hinweise zu den Angaben über die energetische Qualität des Gebäudes

Die energetische Qualität eines Gebäudes kann durch die Berechnung des **Energiebedarfs** unter Annahme von standardisierten Randbedingungen oder durch die Auswertung des **Energieverbrauchs** ermittelt werden. Als Bezugsfläche dient die energetische Gebäudenutzfläche nach dem GEG, die sich in der Regel von den allgemeinen Wohnflächenangaben unterscheidet. Die angegebenen Vergleichswerte sollen überschlägige Vergleiche ermöglichen (**Erläuterungen – siehe Seite 5**). Teil des Energieausweises sind die Modernisierungsempfehlungen (Seite 4).

☐ Der Energieausweis wurde auf der Grundlage von Berechnungen des **Energiebedarfs** erstellt (Energiebedarfsausweis). Die Ergebnisse sind auf **Seite 2** dargestellt. Zusätzliche Informationen zum Verbrauch sind freiwillig.

☐ Der Energieausweis wurde auf der Grundlage von Auswertungen des **Energieverbrauchs** erstellt (Energieverbrauchsausweis). Die Ergebnisse sind auf **Seite 3** dargestellt.

Datenerhebung Bedarf/Verbrauch durch ☐ Eigentümer ☐ Aussteller

☐ Dem Energieausweis sind zusätzliche Informationen zur energetischen Qualität beigefügt (freiwillige Angabe).

Hinweise zur Verwendung des Energieausweises

Energieausweise dienen ausschließlich der Information. Die Angaben im Energieausweis beziehen sich auf das gesamte Gebäude oder den oben bezeichneten Gebäudeteil. Der Energieausweis ist lediglich dafür gedacht, einen überschlägigen Vergleich von Gebäuden zu ermöglichen.

Aussteller (mit Anschrift und Berufsbezeichnung)

Unterschrift des Ausstellers

Ausstellungsdatum

[1] Datum des angewendeten GEG, gegebenenfalls des angewendeten Änderungsgesetzes zum GEG
[2] nur im Fall des § 79 Absatz 2 Satz 2 GEG einzutragen
[3] Mehrfachangaben möglich
[4] bei Wärmenetzen Baujahr der Übergabestation
[5] Klimaanlagen oder kombinierte Lüftungs- und Klimaanlagen im Sinne des § 74 GEG

ENERGIEAUSWEIS für Wohngebäude

gemäß den §§ 79 ff. Gebäudeenergiegesetz (GEG) vom [1]

Berechneter Energiebedarf des Gebäudes

Registriernummer:

2

Energiebedarf

Treibhausgasemissionen kg CO_2-Äquivalent /(m^2·a)

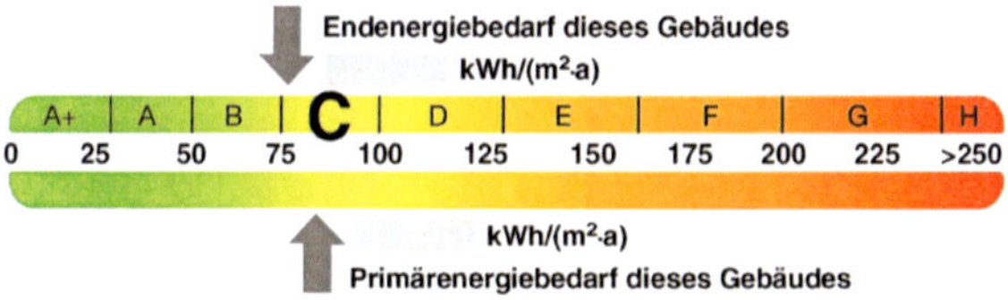

Anforderungen gemäß GEG [2]

Primärenergiebedarf

Ist-Wert kWh/(m^2·a) Anforderungswert kWh/(m^2·a)

Energetische Qualität der Gebäudehülle H_T'

Ist-Wert W/(m^2·K) Anforderungswert W/(m^2·K)

Sommerlicher Wärmeschutz (bei Neubau) ☐ eingehalten

Für Energiebedarfsberechnungen verwendetes Verfahren

- ☐ Verfahren nach DIN V 4108-6 und DIN V 4701-10
- ☐ Verfahren nach DIN V 18599
- ☐ Regelung nach § 31 GEG („Modellgebäudeverfahren")
- ☐ Vereinfachungen nach § 50 Absatz 4 GEG

Endenergiebedarf dieses Gebäudes [Pflichtangabe in Immobilienanzeigen] **kWh/(m^2·a)**

Angaben zur Nutzung erneuerbarer Energien [3]

Nutzung erneuerbarer Energien zur Deckung des Wärme- und Kälteenergiebedarfs auf Grund des § 10 Absatz 2 Nummer 3 GEG

Art:	Deckungsanteil:	Anteil der Pflichterfüllung:
	%	%
	%	%
Summe:	%	%

Maßnahmen zur Einsparung [3]

Die Anforderungen zur Nutzung erneuerbarer Energien zur Deckung des Wärme- und Kälteenergiebedarfs werden durch eine Maßnahme nach § 45 GEG oder als Kombination gemäß § 34 Absatz 2 GEG erfüllt.

- ☐ Die Anforderungen nach § 45 GEG in Verbindung mit § 16 GEG sind eingehalten.
- ☐ Maßnahme nach § 45 GEG in Kombination gemäß § 34 Absatz 2 GEG: Die Anforderungen nach § 16 GEG werden um % unterschritten. Anteil der Pflichterfüllung: %

Vergleichswerte Endenergie [4]

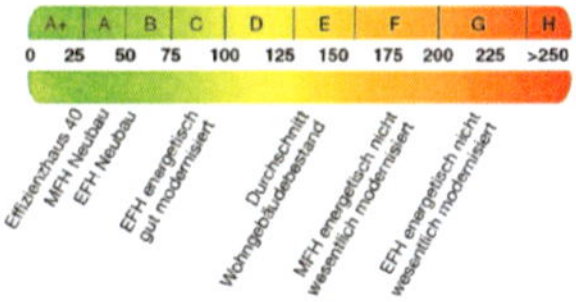

Erläuterungen zum Berechnungsverfahren

Das GEG lässt für die Berechnung des Energiebedarfs unterschiedliche Verfahren zu, die im Einzelfall zu unterschiedlichen Ergebnissen führen können. Insbesondere wegen standardisierter Randbedingungen erlauben die angegebenen Werte keine Rückschlüsse auf den tatsächlichen Energieverbrauch. Die ausgewiesenen Bedarfswerte der Skala sind spezifische Werte nach dem GEG pro Quadratmeter Gebäudenutzfläche (A_N), die im Allgemeinen größer ist als die Wohnfläche des Gebäudes.

[1] siehe Fußnote 1 auf Seite 1 des Energieausweises
[2] nur bei Neubau sowie bei Modernisierung im Fall des § 80 Absatz 2 GEG
[3] nur bei Neubau
[4] EFH: Einfamilienhaus, MFH: Mehrfamilienhaus

ENERGIEAUSWEIS für Wohngebäude

gemäß den §§ 79 ff. Gebäudeenergiegesetz (GEG) vom [1]

Erfasster Energieverbrauch des Gebäudes **Registriernummer:** 3

Energieverbrauch

Treibhausgasemissionen kg CO_2-Äquivalent /(m^2·a)

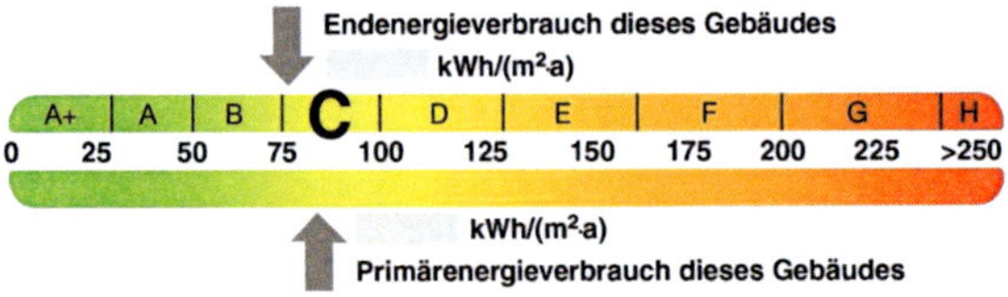

Endenergieverbrauch dieses Gebäudes [Pflichtangabe in Immobilienanzeigen] **kWh/(m^2·a)**

Verbrauchserfassung – Heizung und Warmwasser

Zeitraum von	Zeitraum bis	Energieträger [2]	Primärenergiefaktor	Energieverbrauch [kWh]	Anteil Warmwasser [kWh]	Anteil Heizung [kWh]	Klimafaktor

☐ weitere Einträge in Anlage

Vergleichswerte Endenergie [3]

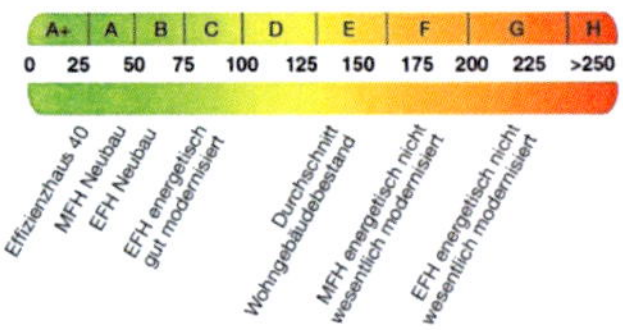

Die modellhaft ermittelten Vergleichswerte beziehen sich auf Gebäude, in denen die Wärme für Heizung und Warmwasser durch Heizkessel im Gebäude bereitgestellt wird.
Soll ein Energieverbrauch eines mit Fern- oder Nahwärme beheizten Gebäudes verglichen werden, ist zu beachten, dass hier normalerweise ein um 15 bis 30 % geringerer Energieverbrauch als bei vergleichbaren Gebäuden mit Kesselheizung zu erwarten ist.

Erläuterungen zum Verfahren

Das Verfahren zur Ermittlung des Energieverbrauchs ist durch das GEG vorgegeben. Die Werte der Skala sind spezifische Werte pro Quadratmeter Gebäudenutzfläche (A_N) nach dem GEG, die im Allgemeinen größer ist als die Wohnfläche des Gebäudes. Der tatsächliche Energieverbrauch eines Gebäudes weicht insbesondere wegen des Witterungseinflusses und sich ändernden Nutzerverhaltens vom angegebenen Energieverbrauch ab.

[1] siehe Fußnote 1 auf Seite 1 des Energieausweises
[2] gegebenenfalls auch Leerstandszuschläge, Warmwasser- oder Kühlpauschale in kWh
[3] EFH: Einfamilienhaus, MFH: Mehrfamilienhaus

ENERGIEAUSWEIS für Wohngebäude

gemäß den §§ 79 ff. Gebäudeenergiegesetz (GEG) vom [1]

Empfehlungen des Ausstellers

Registriernummer:

4

Empfehlungen zur kostengünstigen Modernisierung

Maßnahmen zur kostengünstigen Verbesserung der Energieeffizienz sind ☐ möglich ☐ nicht möglich

Empfohlene Modernisierungsmaßnahmen

Nr.	Bau- oder Anlagenteile	Maßnahmenbeschreibung in einzelnen Schritten	empfohlen		(freiwillige Angaben)	
			in Zusammenhang mit größerer Modernisierung	als Einzelmaßnahme	geschätzte Amortisationszeit	geschätzte Kosten pro eingesparte Kilowattstunde Endenergie
			☐	☐		
			☐	☐		
			☐	☐		
			☐	☐		
			☐	☐		

☐ weitere Einträge in Anlage

Hinweis: Modernisierungsempfehlungen für das Gebäude dienen lediglich der Information. Sie sind nur kurz gefasste Hinweise und kein Ersatz für eine Energieberatung.

Genauere Angaben zu den Empfehlungen sind erhältlich bei/unter:

Ergänzende Erläuterungen zu den Angaben im Energieausweis (Angaben freiwillig)

[1] siehe Fußnote 1 auf Seite 1 des Energieausweises

ENERGIEAUSWEIS für Wohngebäude

gemäß den §§ 79 ff. Gebäudeenergiegesetz (GEG) vom [1]

Erläuterungen

5

Angabe Gebäudeteil - Seite 1

Bei Wohngebäuden, die zu einem nicht unerheblichen Anteil zu anderen als Wohnzwecken genutzt werden, ist die Ausstellung des Energieausweises gemäß § 79 Absatz 2 Satz 2 GEG auf den Gebäudeteil zu beschränken, der getrennt als Wohngebäude zu behandeln ist (siehe im Einzelnen § 106 GEG). Dies wird im Energieausweis durch die Angabe „Gebäudeteil" deutlich gemacht.

Erneuerbare Energien - Seite 1

Hier wird darüber informiert, wofür und in welcher Art erneuerbare Energien genutzt werden. Bei Neubauten enthält Seite 2 (Angaben zur Nutzung erneuerbarer Energien) dazu weitere Angaben.

Energiebedarf - Seite 2

Der Energiebedarf wird hier durch den Jahres-Primärenergiebedarf und den Endenergiebedarf dargestellt. Diese Angaben werden rechnerisch ermittelt. Die angegebenen Werte werden auf der Grundlage der Bauunterlagen bzw. gebäudebezogener Daten und unter Annahme von standardisierten Randbedingungen (z. B. standardisierte Klimadaten, definiertes Nutzerverhalten, standardisierte Innentemperatur und innere Wärmegewinne usw.) berechnet. So lässt sich die energetische Qualität des Gebäudes unabhängig vom Nutzerverhalten und von der Wetterlage beurteilen. Insbesondere wegen der standardisierten Randbedingungen erlauben die angegebenen Werte keine Rückschlüsse auf den tatsächlichen Energieverbrauch.

Primärenergiebedarf - Seite 2

Der Primärenergiebedarf bildet die Energieeffizienz des Gebäudes ab. Er berücksichtigt neben der Endenergie mithilfe von Primärenergiefaktoren auch die so genannte „Vorkette" (Erkundung, Gewinnung, Verteilung, Umwandlung) der jeweils eingesetzten Energieträger (z. B. Heizöl, Gas, Strom, erneuerbare Energien etc.). Ein kleiner Wert signalisiert einen geringen Bedarf und damit eine hohe Energieeffizienz sowie eine die Ressourcen und die Umwelt schonende Energienutzung.

Energetische Qualität der Gebäudehülle – Seite 2

Angegeben ist der spezifische, auf die wärmeübertragende Umfassungsfläche bezogene Transmissionswärmeverlust. Er beschreibt die durchschnittliche energetische Qualität aller wärmeübertragenden Umfassungsflächen (Außenwände, Decken, Fenster etc.) eines Gebäudes. Ein kleiner Wert signalisiert einen guten baulichen Wärmeschutz. Außerdem stellt das GEG bei Neubauten Anforderungen an den sommerlichen Wärmeschutz (Schutz vor Überhitzung) eines Gebäudes.

Endenergiebedarf - Seite 2

Der Endenergiebedarf gibt die nach technischen Regeln berechnete, jährlich benötigte Energiemenge für Heizung, Lüftung und Warmwasserbereitung an. Er wird unter Standardklima- und Standardnutzungsbedingungen errechnet und ist ein Indikator für die Energieeffizienz eines Gebäudes und seiner Anlagentechnik. Der Endenergiebedarf ist die Energiemenge, die dem Gebäude unter der Annahme von standardisierten Bedingungen und unter Berücksichtigung der Energieverluste zugeführt werden muss, damit die standardisierte Innentemperatur, der Warmwasserbedarf und die notwendige Lüftung sichergestellt werden können. Ein kleiner Wert signalisiert einen geringen Bedarf und damit eine hohe Energieeffizienz.

Angaben zur Nutzung erneuerbarer Energien – Seite 2

Nach dem GEG müssen Neubauten in bestimmtem Umfang erneuerbare Energien zur Deckung des Wärme- und Kälteenergiebedarfs nutzen. In dem Feld „Angaben zur Nutzung erneuerbarer Energien" sind die Art der eingesetzten erneuerbaren Energien, der prozentuale Deckungsanteil am Wärme- und Kälteenergiebedarf und der prozentuale Anteil der Pflichterfüllung abzulesen. Das Feld „Maßnahmen zur Einsparung" wird ausgefüllt, wenn die Anforderungen des GEG teilweise oder vollständig durch Unterschreitung der Anforderungen an den baulichen Wärmeschutz gemäß § 45 GEG erfüllt werden.

Endenergieverbrauch - Seite 3

Der Endenergieverbrauch wird für das Gebäude auf der Basis der Abrechnungen von Heiz- und Warmwasserkosten nach der Heizkostenverordnung oder auf Grund anderer geeigneter Verbrauchsdaten ermittelt. Dabei werden die Energieverbrauchsdaten des gesamten Gebäudes und nicht der einzelnen Wohneinheiten zugrunde gelegt. Der erfasste Energieverbrauch für die Heizung wird anhand der konkreten örtlichen Wetterdaten und mithilfe von Klimafaktoren auf einen deutschlandweiten Mittelwert umgerechnet. So führt beispielsweise ein hoher Verbrauch in einem einzelnen harten Winter nicht zu einer schlechteren Beurteilung des Gebäudes. Der Endenergieverbrauch gibt Hinweise auf die energetische Qualität des Gebäudes und seiner Heizungsanlage. Ein kleiner Wert signalisiert einen geringen Verbrauch. Ein Rückschluss auf den künftig zu erwartenden Verbrauch ist jedoch nicht möglich; insbesondere können die Verbrauchsdaten einzelner Wohneinheiten stark differieren, weil sie von der Lage der Wohneinheiten im Gebäude, von der jeweiligen Nutzung und dem individuellen Verhalten der Bewohner abhängen.

Im Fall längerer Leerstände wird hierfür ein pauschaler Zuschlag rechnerisch bestimmt und in die Verbrauchserfassung einbezogen. Im Interesse der Vergleichbarkeit wird bei dezentralen, in der Regel elektrisch betriebenen Warmwasseranlagen der typische Verbrauch über eine Pauschale berücksichtigt. Gleiches gilt für den Verbrauch von eventuell vorhandenen Anlagen zur Raumkühlung. Ob und inwieweit die genannten Pauschalen in die Erfassung eingegangen sind, ist der Tabelle „Verbrauchserfassung" zu entnehmen.

Primärenergieverbrauch - Seite 3

Der Primärenergieverbrauch geht aus dem für das Gebäude ermittelten Endenergieverbrauch hervor. Wie der Primärenergiebedarf wird er mithilfe von Primärenergiefaktoren ermittelt, die die Vorkette der jeweils eingesetzten Energieträger berücksichtigen.

Treibhausgasemissionen – Seite 2 und 3

Die mit dem Primärenergiebedarf oder dem Primärenergieverbrauch verbundenen Treibhausgasemissionen des Gebäudes werden als äquivalente Kohlendioxidemissionen ausgewiesen.

Pflichtangaben für Immobilienanzeigen - Seite 2 und 3

Nach dem GEG besteht die Pflicht, in Immobilienanzeigen die in § 87 Absatz 1 GEG genannten Angaben zu machen. Die dafür erforderlichen Angaben sind dem Energieausweis zu entnehmen, je nach Ausweisart der Seite 2 oder 3.

Vergleichswerte – Seite 2 und 3

Die Vergleichswerte auf Endenergieebene sind modellhaft ermittelte Werte und sollen lediglich Anhaltspunkte für grobe Vergleiche der Werte dieses Gebäudes mit den Vergleichswerten anderer Gebäude sein. Es sind Bereiche angegeben, innerhalb derer ungefähr die Werte für die einzelnen Vergleichskategorien liegen.

[1] siehe Fußnote 1 auf Seite 1 des Energieausweises

10 Abbildungsverzeichnis

11 Tabellen- verzeichnis

12 Stichwortverzeichnis